토머스 페인

상식

토머스 페인

상식

토머스 페인 지음

남경태 옮김

효형출판

일러두기

이 책은 2005년 미국 펭귄 출판사에서 출간한 토머스 페인의
《Common Sense》를 한국어로 옮긴 것이다.

차례

상식

토지 분배의 정의

내가 발을 들여놓은 내 나라가
바로 내 눈앞에서 불에 탄 지금, 떨쳐 일어날 시간이다.
모두가 떨쳐 일어나야 할 때다.

상식

다음에 제시하는 견해는 아직 폭넓은 지지를 얻을 만한 것은 못 된다. 잘못된 것을 따져보지 않는 습관에 오래도록 길들여져 있으면 처음에는 잘못된 것을 마치 옳은 것처럼 피상적으로 생각하며, 관습을 강력히 옹호하게 마련이다. 그러나 그 소동은 이내 가라앉는다. 사람들의 생각을 바꾸게 하는 것은 논리보다 시간이다.

오랜 기간에 걸쳐 권력이 심하게 남용되면 권력의 정당성을 의문시하는 분위기가 팽배해진다(물론 피해 당사자에게 끈덕지게 물어보지 않으면 알 수 없는 문제다). 영국의 왕이 의회와 찰떡궁합을 이루어 이 나라의 선량한 사람들을 억압과 고통으로 몰아넣고 있다. 그러므로 우리는 양측의 주장을 살펴보고 한 측의 침탈을 거부할 권리가 있다.

다음 글에서 나는 일체의 사적인 감정을 피하고자 했다. 어느 개인에 대해 아첨하거나 비난하지도 않았다. 지혜롭고 훌륭한 사람은 소책자 하나로 우쭐해하지 않는다. 또한 어리석고 악의를 가진 사람은 굳이 생각을 바꾸게 하려 애쓰지 않아도 저절로 그만둘 것이다.

아메리카의 대의는 넓은 맥락에서 전 인류의 대의와 일치한다. 지금까지 전 세계적으로 보편적인 상황이 많이 있었고 앞으로도 그럴 것이다. 인간을 사랑하는 모든 사람들의 원칙은 이 상황과 관련이 있다. 불과 칼로 한 나라를 황폐하게 만들고, 인류의 자연권에 선전포고하고, 권리를 수호하려는 사람들을 지상에서 근절하려는 것에 대해서는, 당파적 입장과 무관하게 감정의 본성을 가진 모든 사람들이 관심을 가질 수밖에 없다.

덧붙임

새 판본의 출간이 늦어진 것은 독립선언을 반박하려는
일체의 시도에 대비하기 위해서였다.
그러므로 반드시 필요한 일이었다.
아직까지 어떤 대응도 나오지 않았으므로
지금으로서는 반론이 없다고 추측한다.
대중이 그런 일에 대비하려면 상당한 시간이 필요하다.
이 책의 저자가 누구인지는 대중에게 전혀
중요한 사실이 아니다.
주목할 것은 사람이 아니라 내용 자체다.
하지만 나는 어느 당파와도 무관하며,
이성과 원칙의 영향 이외에 공적으로나 사적으로나
다른 어떤 영향도 받은 바 없다.

정부 일반의 기원과 취지,
그리고 영국 제도에 관한 간략한 고찰

일부 학자들은 사회와 정부를 혼동하고 양자의 차이를 제대로 알지 못한다. 사회와 정부는 서로 다를 뿐 아니라 기원에서도 차이가 있다. 사회를 만든 것은 우리의 필요이고, 정부를 만든 것은 우리의 악함이다. 사회는 우리의 관심을 통합함으로써 적극적으로 우리의 행복을 증진시키고, 정부는 우리의 악함을 억제함으로써 소극적으로 우리의 행복을 증진시킨다. 전자는 소통을 촉진하고, 후자는 구분을 만들어낸다. 전자는 후원하고, 후자는 징벌한다.

사회는 어떤 것이라도 축복이지만, 정부는 최고의 것이라도 필요악일 따름이다. 최악은 참을 수 없는 정부다. 정부에 의해 괴롭힘을 당하거나 고통을 겪을 경우 우리는 차라리 정부가 없는 나라가 더 낫다고 생각한다. 우리를 괴롭히는 수단을 우리 자신이 만들었다고 생각하면 우리의 불행은 더욱 커진다. 정부는 마치 옷처럼 잃어버린 순수함의 표상이다. 왕의 궁전은 아늑했던 낙원의 잔해 위에 세워졌다. 양심의 자극이 늘 명확하여 저항할 수 없다면 인간에게 달리 입법자는 필요 없을 것이다. 하지만 현실은 그렇지 않기에 인간은 자기 재산의 일부를 염출해 평안을 보호할 수단을 갖추어야 한다. 그럴 경우 인간은 두 가지 악 중에서 덜한 악을 선택하는 신중한 자세를 취하게 마련이다. 안전은 정부의 참된 취지이자 목적이므로, 안전을 가장 확실하게 보장하는 형태, 최소의 비용으로 최대의 이득을 거둘 수 있는 방식이 최선이라는 데는 논란의 여지가 없다.

정부의 취지와 목적에 관해 명확하고 올바른 관념을 얻기 위해 지구상에서 다른 지역들과 차단된 곳에 소수의 사람들이 정주한다고 가정해보자. 그들은 세계의 첫 주민을 대표한다. 이 자유 상태에서 첫 번째로 떠오르는 생각은 사회다. 수많은 동기들이 사회를 구성하도록 자극한다. 한 사람이 가진 힘은 그의 필요에 미치지 못하고, 그의 정신은 영구적인 고독을 견디지 못한다. 그래서 그는 이내 다른 사람의 도움과 지원을 구할 수밖에 없다. 다른 사람도 같은 처지다. 네댓 사람이 힘을 합치면 황야 한가운데에 그런대로 쓸 만한 거처를 마련할 수 있다. 그러나 아직 아무 성과도 이루지 못한 상태에서 누군가는 공동생활에서 벗어나려 할 수도 있다. 하지만 그는 나무를 베도 운반하지 못한다. 운반은커녕 벤 나무를 들어 올릴 수도 없다. 게다가 굶주림에 작업이 중단되고, 온갖 욕구들로 일이 틀어진다. 질병에 재난까지 겹쳐 그는 결국 죽음에 이른다. 질병과 재난이 치명적일 정도는 아니라 해도 그는 삶을 계속하기가 어려워진다. 결국 서서히 죽어갈 수밖에 없다.

그러므로 사회 형성에 대한 필요는 새로 온 이주민들에게 인력처럼 작용한다. 모든 사람들이 서로를 축복하고 완전히 공정하게 대한다면 정부와 법의 책무는 불필요하다. 하지만 악함이 발생하지 않는 곳은 천국 이외에는 없다. 이주 초기에는 난관에 부딪쳤을 때 공동의 대의로 쉽게 단결하지만, 사람들은 점차 서로에 대한 의무와 애정이 느슨해진다. 이럴 때 도덕적 결함을 메울 모종의 정부 형태를 조직할 필요성이 생긴다.

마을의 적당한 나무 한 그루가 의사당 노릇을 한다. 나무 그늘 아래 주민 전체가 모여 공적 사안들을 놓고 회의를 연다. 최초의 법안은 규칙 정도에 그칠 가능성이 높고, 법을 어긴 데 대한 벌칙도 공적인 냉대를 가하는 정도에 그칠 것이다. 이 최초의 의회에서는 모두가 자연권에 의해 의석을 차지한다.

하지만 촌락이 커지면 공공의 관심사도 많아진다. 그에 따라 구성원들의 거리가 멀어지고, 매 사안마다 모두 한자리에 모여 논의하는 것이 불편해진다. 주민의 수가 적고, 서로 가까이 살고, 공적인 관심사가 사소하고 드물었던 초기와는 사정이 다르다. 이런 상황에서는 전체 주민들 가운데 주민들의 동의를 얻어 선출된 사람들이 운영하는 입법부에 맡기는 게 편리하다. 그들은 자신들을 임명한 주민들과 관심 주제가 같고, 자신들이 대표하는 전체 주민들과 같은 방향으로 행동할 의무가 있다. 촌락이 계속 커지면 대표의 수도 늘려야 하며, 촌락 모든 지역의 관심사를 돌보아야 한다. 이럴 때는 전체 주민들을 여러 부분으로 나누고, 각 부분에 필요한 적절한 수의 대표를 파견하는 방식이 가장 좋다. 또한 선출된 사람은 유권자와 이해관계를 달리하지 않아야 하며, 선거의 간격도 신중하게 결정해야 한다. 또한 선출된 사람은 몇 개월의 임기를 마치면 유권자로 돌아와야 하기 때문에 늘 대중에게 충성하고 심사숙고해 화를 자초하지 않도록 해야 한다. 이렇게 대표자의 잦은 교체를 통해 공동체 모든 부분의 공통적인 이해관계가 확립되고, 모두가 자연스럽게 서로를 지지하게 된다. (왕이라는 무의미한 인물이 아니라) 바로 여기에 정부의 힘, 피지배자의 행복이 달려 있다.

정부는 도덕이 세상을 다스리지 못한 탓에 생겨난 필연적 소산이다. 또한 정부의 취지와 목적도 자유와 안정에 뿌리를 두고 있다. 아무리 흰 눈을 보면 눈이 부시고 소리를 들으면 귀가 현혹된다고 해도, 아무리 편견이 우리의 의지를 왜곡시키고 잇속이 우리의 분별력을 어둡게 한다해도, 본성과 이성의 목소리는 무엇이 옳은지 말해준다.

정부 형태에 관한 내 견해의 바탕에는 어떤 방법으로도 뒤집을 수 없는 본성의 원칙이 있다. 그것은 곧 단순한 것일수록 혼란에 빠지지 않으며, 설령 혼란스러워져도 복구가 쉽다는 것이다. 이 원칙을 염두에 두고, 나는 다들 그렇게 자랑하는 영국 제도에 관해 몇 가지 언급하고자 한다. 영국 제도는 어둡고 비천했던 시대에 고결한 제도로 탄생했다. 온 세상이 전제 왕권에 시달릴 때 그나마 거기서 빠져나온 것은 영광스러운 탈출이었다. 그러나 그 과정이 불완전한 데다 격변을 야기할 수 있고, 애초에 약속한 것을 이룰 수 없다는 사실은 쉽게 증명할 수 있다.

절대적 정부는 비록 인간 본성을 손상시키지만 단순하다는 장점이 있다. 그래서 사람들은 정부에 의해 고통을 당할 경우 그 고통이 어디서 연원하는지, 해결책이 무엇인지 쉽게 알 수 있다. 복잡한 원인과 해결책으로 허둥댈 필요가 없다. 하지만 영국 제도는 워낙 복잡한 탓에 고통이 지속돼도 대체 어디에 결함이 있는지 발견하기 어렵다. 누구는 이렇게 말하고 누구는 저렇게 말한다. 정치 의사들마다 제각기 처방이 다르다.

국지적이고 오래된 편견을 극복하는 것은 매우 어려운 일이다. 하지만 영국 제도의 구성을 면밀히 검토해보면, 새로 태어난 공화제의 바탕에 두 가지 고대 전제 정치의 잔재가 남아 있다는 사실이 드러난다.

첫째, 왕이라는 인물에 남아 있는 군주 전제의 잔재.

둘째, 상원 의원이라는 인물에 남아 있는 귀족 전제의 잔재.

셋째, 하원 의원이라는 인물로 구현된 새로운 공화제.

이것이 영국의 자유를 좌우한다. 앞의 두 가지는 전통적으로 물려받은 것으로 주민들과 무관하다. 그래서 제도의 측면에서 국가의 자유에 기여하지 않는다.

영국 제도를 세 개의 권력체가 서로 견제하는 연방으로 보는 것은 터무니없는 생각이다. 그 말들이 무의미한 게 아니라면 양자는 서로 모순을 빚는다.

하원이 국왕을 견제한다고 말하려면 두 가지 전제가 필요하다.

첫째, 국왕을 신뢰하려면 받들어 섬겨야만 한다. 바꿔 말해 절대 권력의 갈망은 군주제의 타고난 질병이다.

둘째, 하원은 국왕을 섬길 목적으로 임명된다는 점에서 국왕보다 더 현명하거나 더 신뢰할 수 있어야 한다.

그러나 영국 제도는 하원에게 국왕에 대한 보필을 철회하여 국왕을 견제할 수 있는 권력을 부여하면서도 나중에는 국왕에게 하원을 견제하고 다른 법안들을 거부할 수 있는 권력을 부여한다. 결국 국왕을 이미 그 보다 더 현명하다고 간주된 사람들보다 현명하다고 간주하는 것이다. 터무니없는 일이 아닐 수 없다.

군주제에는 지극히 우스꽝스러운 점이 있다. 처음에는 정보의 수단에서 한 사람을 배제하더니, 최고의 판단이 필

15

요한 경우에는 오히려 그에게 권력을 부여하는 것이다. 국왕의 국가는 국왕을 세상과 격리하지만, 국왕이 제 역할을 하려면 세상을 샅샅이 알아야 한다. 각 부분들이 부자연스럽게 대립하고 서로를 파괴하면 전체도 불합리하고 쓸모없어진다.

어떤 학자들은 영국 제도를 국왕과 국민은 별개이며, 상원이 국왕을 대신하고 하원이 국민을 대신하는 제도라고 설명한다. 그러나 그 설명은 온갖 차이와 분열을 낳았다. 표현은 그럴듯할지 몰라도 면밀히 살펴보면 무익하고 모호해 보인다. 아무리 멋진 미사여구라 해도 존재하지 않는 것, 혹은 형용의 범위 안에 들어올 수 없을 만큼 불가해한 것을 형용하려 한다면, 그저 소리로써의 말에 지나지 않는다. 듣는 귀는 즐거워도 마음에 와 닿지 않는다.

이러한 학자들의 설명은 해묵은 의문을 끄집어낸다. 국민이 맡기지 않으려 하고, 스스로 늘 견제해야만 하는 권력을 국왕은 어떻게 획득했는가? 현명한 사람들은 그런 권력을 줄 리가 없다. 또한 견제가 필요한 권력이라면 신에게서 나온 것일 리가 없다. 그런데도 영국 제도가 만들어내는 규정은 그런 권력의 존재를 가정한다.

하지만 영국 제도의 규정은 과제에 걸맞지 않다. 수단이 목적에 부합할 수 없거나 부합하지 않으며, 모든 일이 자멸적이다. 큰 힘은 항상 작은 힘을 이끌게 마련이다. 기계의 모든 바퀴들이 어느 하나에 의해 움직이는 구조에서

《구약성서》에 등장하는 바다괴물 리바이어던으로 거대한 절대 권력의
형상을 나타내고 있다.

는 어떤 힘이 가장 큰지, 어떤 힘이 지배적인지만 알면 된다. 다른 힘들이 방해하거나 운동 속도를 늦출 수도 있지만, 어차피 멈출 수 없는 것이라면 애써봤자 헛수고다. 최초의 동력이 결국 끝까지 가고, 시간이 지나면 원하는 속도에 도달하게 된다.

이렇게 국왕이 영국 제도에서 압도적 힘이 있다는 사실은 언급할 필요도 없다. 또한 지위와 돈을 베푸는 지위가 압도적 힘을 갖게 된다는 사실도 자명하다. 그러므로 우리는 절대 군주제에 단호히 등을 돌릴 만큼 현명하면서도 다른 한편으로는 국왕에게 열쇠를 맡길 만큼 어리석기도 한 것이다.

국왕, 영주, 평민으로 구성된 정부를 지지하는 영국인들의 편견은 이성보다 민족적 자존심에 비롯한다. 국민들은 분명히 다른 나라들에 비해 영국에서 더 안전하게 살겠지만, 국왕의 의지가 곧 국법인 것은 영국이나 프랑스나 마찬가지다. 차이가 있다면 국왕이 직접 국민들에게 명하는 게 아니라 의회라는 강력한 형태를 통해 명령이 전달된다는 점뿐이다. 찰스 1세의 죽음으로 각국의 왕들은 더 정의로워진 게 아니라 더 교활해졌다.

그러므로 일체의 민족적 자존심과 편견을 버리고 형식과 방식만을 좇는다면 명백한 진실이 나온다. 그것은 바로 영국의 왕권이 터키만큼 억압적이지 않은 이유는 정부의 제도가 아니라 전적으로 국민의 제도 덕분이라는 것이다.

우리는 남들을 올바르게 평가할 만한 입장에 있지 않고, 여전히 지배적 편파성에 영향을 받는 처지에 있다. 따라서 우리는 자기 자신도 올바로 평가할 수 없고, 여전히 완고한 편견에 사로잡혀 있다. 매춘을 일삼는 남자가 자기 아내를 판단할 자격이 없듯이, 부패한 정치 제도를 지지하는 선입견에 얽매이면 훌륭한 정치 제도를 식별하지 못한다. 이러한 맥락에서 영국 정부 형태의 제도적 오류를 분석하는 것은 매우 중요하다.

군주제와
권력 세습에 관하여

인간은 본래 평등하게 창조되었으나 점차 평등성이 훼손되었다. 특히 빈부의 차이가 크게 작용했는데, 그렇다고 해서 억압과 탐욕과 같은 눈살이 찌푸려지는 것들을 굳이 거론할 필요는 없다. 억압은 대개 부의 수단이라기보다 부의 결과다. 또한 탐욕은 가난을 면하게 해주기는 하지만 대체로 사람을 소심하게 만드는 탓에 부자로 만들어주지 못한다.

하지만 순전히 자연적이거나 종교적 이유로는 설명할 수 없는 더 중요한 차이가 있다. 그것은 인간을 왕과 신민으로 구분하는 차이다. 남자와 여자는 본성의 차이이며, 선과 악은 하늘이 내린 차이다. 그러나 마치 새로운 종류의 인간인 것처럼 날 때부터 남보다 높은 사람, 처음부터 남들과 다른 사람이 어떻게 등장하게 되었는지 그리고 그런 사람이 인류에게 행복을 가져올 것인지 불행을 가져올 것인지는 탐구해볼 가치가 있는 문제다.

　성서 연대학에 따르면 세상의 초기에는 왕이 없었다. 따라서 전쟁도 없었다. 인간을 혼란으로 몰아넣는 것은 왕의 자존심이기 때문이다. 지난 세기에 왕이 없는 네덜란드는 유럽의 어느 군주 정부보다 더 평화를 누렸다. 고대인들도 똑같이 말한다. 초기 족장들의 조용하고 전원적인 삶은 행복했으나 인간이 유대 왕권의 역사로 접어들면서 평화로운 삶이 불가능해졌다.

　왕권에 의한 정부는 처음에 이교도들이 만들었는데, 후에 이스라엘의 자손들이 모방했다. 그것은 악마가 우상숭배를 촉진하려는 목적에서 만들었으며, 가장 큰 성공을 거둔 발명이었다. 이교도들은 죽은 왕을 신성시했으며, 그리스도교 세계는 그 발상을 확대시켜 살아 있는 왕도 신성시했다. 떵떵거리며 살다가 결국 먼지로 사라져버리는 벌레와 같은 자에게 신성한 왕이라는 호칭은 얼마나 불경스러운가.

　한 사람을 남들보다 더 위대한 존재로 추앙하는 것은 본성의 평등한 권리에 비춰볼 때 온당치 않으며, 성서의 권위에 비춰 봐도 합당하지 않다. 기드온Gideon*과 선지자 사무엘Samuel**이 천명했듯이 신의 뜻은 왕에 의한 정부를 불

---

* 　구약성서에 나오는 이스라엘의 현명한 판관_ 옮긴이 주
** 구약성서에 나오는 이스라엘의 민족 지도자_ 옮긴이 주

허한다. 성서에 나오는 군주제를 비판하는 대목은 군주 정부가 은근슬쩍 숨겨 왔으나 앞으로 정부를 구성하게 될 여러 나라의 주목을 받고 있다. "가이사의 것은 가이사에게"라는 문구는 성서에 나오는 왕권에 관한 교리다. 이는 군주 정부를 지지한다는 의미가 아니다. 당시 유대인들은 왕이 없었고 로마에 예속된 상태였기 때문이다.

창조에 대한 단편적 설명에서 3000년 가까이 지났을 무렵, 민족의 환상에 사로잡힌 유대인들이 왕을 요구했다. 그때까지 그들의 정부 형태는 신이 간섭에 나선 특별한 경우를 제외하고는 판관과 부족의 장로들이 운영하는 공화제였다. 그들은 왕이 없었으며, 만군의 주• 이외에 왕이라는 호칭을 붙이는 것을 죄악이라고 여겼다. 만약 누가 왕이라는 인물에게 우상숭배에 가까운 충성을 바치려 한다면, 신은 당연히 왕을 늘 시기하며 하늘의 특권을 불경스럽게 침해하는 정부 형태를 불허할 것이다.

성서에서 군주제는 유대인의 죄악으로 간주되며, 그것에 대해서는 크나큰 저주를 내린다. 우리는 역사에 주목할 필요가 있다.

이스라엘 민족이 미디안 족에게 억압을 당할 때 기드온은 작은 규모의 군대를 거느리고 달려가 신의 도움으로 승리했다. 성공에 우쭐해진 유대인들은 기드온이 영도한 덕

• 여호와_ 옮긴이 주

택으로 여기고 그를 왕으로 받들면서 이렇게 말했다. "당신과 당신의 아들과 당신의 손자가 우리를 다스리소서." 이는 실로 엄청난 유혹의 말이었다. 그냥 왕국이 아니라 세습 왕조까지 주겠다는 것이다. 이에 기드온은 영혼의 경건함을 잃지 않고 대답했다. "내가 너희를 다스리지 아니하겠고, 나의 아들도 너희를 다스리지 아니할 것이요, 여호와께서 너희를 다스리시리라." 이보다 더 명확한 발언은 없다. 기드온은 명예를 사양하지는 않았으나 명예를 부여할 권리는 거부한 것이다. 또한 거짓된 감사의 표시로 아첨하지도 않고, 선지자답게 확신에 찬 태도로 그들이 유일한 군주, 즉 하늘의 왕에게 반역을 꾀한 것을 비난한다.

그로부터 약 130년이 지나 그들은 또다시 똑같은 잘못을 저질렀다. 도저히 이해할 수 없는 일이지만, 유대인들은 묘하게도 이교도의 우상숭배 관습을 갈망했다. 그들은 세속의 업무를 맡은 사무엘의 두 아들이 잘못을 저지르자 느닷없이 사무엘에게 몰려가 이렇게 말했다. "당신은 늙고 당신의 아들들은 당신을 따르지 아니하니 모든 나라와 같이 왕을 세워 우리를 다스리게 하소서." 여기서 우리는 다른 나라, 즉 이교도와 같아지려는 그들의 동기를 지적하지 않을 수 없다. 사실 그들의 진정한 장점은 남들과 최대한 다르다는 데 있었다. "사무엘이 그것을 기뻐하지 아니하여 여호와께 기도하매, 여호와께서 사무엘에게 이르시되 백성이 네게 한 말을 다 들으라. 이는 그들이 너를 버림이 아니요, 나를 버려 자기들의 왕이 되지 못하게 함이니라. 내가 그들을 애굽에서 인도한 날부터 오늘까지 그들이 모든 행사로 나를 버리고 다른 신들을 섬김과 같이 네게도 그리하는도다. 그러므로 그들의 말을 듣되 너는 그들에게 엄히 경고하고 그들을 다스릴 왕의 제도를 가르치라." 다시 말해 특정한 왕이 아니라 이스라엘인들이 그토록 모방하려 애쓰는 여러 왕들의 일반적 제도를 가르치라는 말이다.

시대와 풍습의 차이는 매우 크지만 성서의 내용은 지금도 통한다. "사무엘이 왕을 요구하는 백성에게 여호와의 모든 말씀을 말하여 이르되, 너희를 다스릴 왕의 제도는 이러하니라. 그가 너희 아들들을 데려다가 그의 병거와 말을 바른 길로 나아가게 하리니, 그들이 병거 앞에서 달릴 것이며(이 말은 인력을 징발하는 지금의 방식과 일치한다), 그가 또 너희의 아들들을 천부장과 오십부장으로 삼을 것이며, 자기 밭을 갈게 하고 자기 추수를 하게 할 것이며, 자기 무기와 병거의 장비도 만들게 할 것이며, 그가 또 너희의 딸들을 데려다가 향료 만드는 자와 요리하는 자와 떡 굽는 자로 삼을 것이며(이 말은 왕의 억압만이 아니라 왕의 사치스러운 생활도 가리킨다), 그가 또 너희의 밭과 포도원과 감람원에서 제일 좋은 것을 가져다가 자기의 신하들에게 줄 것이며, 그가 또 너희의 곡식과 포도원 소산의 십일조를 거두어 자기의 관리와 신하에게 줄 것이며(뇌물, 부패, 정실이 왕의 고질적인 폐단임을 말해준다), 그가 또 너희의 노비와 가장 아름다운 소년과 나귀들을 끌어다가 자기 일을 시킬 것이며, 너희의 양 떼의 십분의 일을 거두어 가리니. 너희가 그의 종이 될 것이라. 그날에 너희는 너희가 택한 왕으로 말미암아 부르짖되 그날에 여호와께서 너희에게 응답하지 아니하시리라."(이것은 군주제의 지속을 말한다.)

간혹 왕의 직함에 걸맞은 인물들이 등장해 왕의 기원에 깃든 죄를 씻어준 적도 없지는 않았다. 하지만 다윗에게 찬사가 주어진 것은 그를 정식 왕으로 간주해서가 아니라 그가 신의 참된 뜻을 따른 인간이었기 때문이다. "백성이 사무엘의 말 듣기를 거절하여 이르되, 아니로소이다. 우리도 우리 왕이 있어야 하리니. 우리도 다른 나라들 같이 되어 우리의 왕이 우리를 다스리며 우리 앞에 나가서 우리의 싸움을 싸워야 할 것이나이다." 그래도 사무엘은 끈질기게 사람들을 설득했으나 소용 없었다. 그는 그들의 배은망덕을 지적했으나 통하지 않았다. 그들의 어리석음을 보고 그는 소리쳤다. "내가 여호와께 아뢰리니 여호와께서 우레와 비를 보내사(당시는 밀의 수확기였으므로 그것은 징벌이었다) 너희가 왕을 구한 일, 곧 여호와의 목전에서 범한 죄악이 큼을 너희에게 밝혀 알게 하시리라. 이에 사무엘이 여호와께 아뢰매 여호와께서 그날에 우레와 비를 보내시니 모든 백성이 여호와와 사무엘을 크게 두려워하니라. 모든 백성이 사무엘에게 이르되 당신의 종들을 위하여 당신의 하나님 여호와께 기도하여 우리가 죽지 않게 하소서. 우리가 우리

1789년 7월 절대왕정 제도에 대한 불만으로 봉기하여 프랑스혁명의
도화선이 된 바스티유 감옥 점령.

의 모든 죄에 왕을 구하는 악을 더하였나이다." 이 대목은 노골적이고 적극적이고 명명백백하게 군주 정치의 죄악을 주장하고 있다. 신이 군주 정치에 반대한다는 뜻이 아니라면 성서는 거짓이 된다. 교황이 관장하는 나라들의 왕이나 사제가 백성들이 성서를 접하지 못하도록 하는 데는 그럴 만한 근거가 있다. 군주제는 모든 면에서 교황 정부나 다름없다.

군주제의 폐단에 우리는 왕위 세습을 추가했다. 전자가 우리 자신을 타락하게 하고 경시하는 것이라면, 후자는 권리의 문제로 우리 후손에게 모욕이자 부담이 된다. 모든 사람은 평등하게 태어났다. 그러므로 누구도 태생적으로 자신의 가문을 다른 가문들보다 영구히 우선하도록 하는 권리를 가질 수 없다. 설령 한 개인은 다른 사람들에 비해 상당히 높은 지위를 누릴 수 있을지 몰라도 그의 후손들까지 지위를 물려받을 자격을 가질지는 미지수다. 왕위 세습의 어리석음을 증명하는 강력한 증거는 자연 자체가 거부한다는 것이다. 만약 그렇지 않다면, 사자의 탈을 쓴 당나귀가 왕위에 오르는 우스꽝스러운 사태가 그렇게 자주 벌어지지는 않을 것이다.

또한 처음에는 누구도 자신에게 주어진 것 이외에 다른 어떤 공적 명예도 가질 수 없었으므로, 명예를 누린 사람이라 해도 후손에게까지 권리를 양도할 수는 없었다. 백성들은 "당신을 우리의 지도자로 선택한다"고 말할 수 있지만, "당신의 자손과 후손까지 우리의 후손을 영원히 다스려달라"라고 말한다면 자신들의 후손들에게 부당한 일이다. 그렇게 어리석고 부당하고 부자연스러운 계약의 결과로 다음에는 악한이나 바보의 정부가 성립할 수 있기 때문이다. 현명한 사람은 늘 세습적 권리를 경멸했다. 하지만 그것은 일단 생겨난 뒤에는 쉽게 제거할 수 없는 폐단이다. 두려움에 마지못해 따르는 사람도 있고, 미신 때문에 따르는 사람도 있지만, 힘센 자들은 왕과 손을 잡고 백성들을 약탈하려 한다.

이 견해의 전제에는 세계 모든 왕들이 처음 생겨났을 때는 다들 훌륭했으리라는 가정이 있다. 물론 그럴 수도 있다. 하지만 고대라는 오랜 시간을 벗기고 최초의 왕이 탄생한 때로 되돌아가보면, 첫 왕은 악당 두목이었음이 드러난다. 그는 야만적 행동이나 치밀한 책략으로 으뜸가는 약탈자의 지위를 획득했다. 세력을 증강하고 약탈을 확대한 그는 무방비 상태로 평화롭게 살아가는 사람들에게 위압을 가해 안전을 보장하는 대가로 세금을 바치게 했다. 하지만 그의 지지자들은 장차 왕의 후손들에게 왕위가 세습되리라는 것을 전혀 알지 못했을 것이다. 그렇게 자신들이 권좌에서 영구적으로 배제될 경우 그들이 표방한 자유롭고 제약 없는 삶의 원칙과 양립할 수 없었기 때문이다. 그래서 군주제 초기의 왕위 세습은 권리로서 이루어진 게 아니라 우연이나 아첨의 결과였다. 하지만 당시 기록은 거의 없거나 전무하다. 전해지는 역사는 전설이 많았으므로 몇 세대가 지난 뒤에는 마호메트처럼 시의적절하게 미신 이야기를 꾸며내 백성들의 목구멍에 세습권을 밀어 넣기가 무척 쉬웠다. 게다가 처음에는 지도자가 사망하고 새 지도자가 발탁되는 과정에 심각한 혼란이 따를 수 있다는 우려 (악한들 가운데서 지도자를 선출하는 것이었으니 질서를 기대할 수는 없었다) 때문에 많은 사람들이 왕위 세습을 지지했다. 그리하여 처음에는 사람들이 편의에 따라 왕위 세습에 복종했으나 이후에는 권리로 자리 잡았다.

영국은 정복된 이후• 훌륭한 군주들이 제법 등장했으나 백성들이 나쁜 군주들 밑에서 신음한 적이 훨씬 더 많았다. 하지만 제정신을 가진 사람이라면 누구도 정복 왕 윌리엄을 계승한 왕권이 명예롭다고 말하지 못한다. 윌리엄은 무장 강도들을 거느리고 프랑스에서 건너와 원주민들의 반발에도 불구하고 영국의 왕이 되었으니, 근본은 깡패나 다름없이 비천한 인물이었다. 거기에 신성함이라고는 전혀 없었다. 어쨌든 왕위 세습의 어리석음을 보여주는 데는 많은 시간이 필요하지 않았다. 그것을 지지할 만큼 둔한 사람들이 있다면 차라리 당나귀와 사자 따위를 숭배하게 하라. 나는 그들의 비천함을 모방하지도 않을 것이며, 그들의 집착을 저해하지도 않을 것이다.

• 노르망디의 윌리엄이 잉글랜드를 정복한 1066년 이후를 가리킨다_ 옮긴이 주

나는 그들에게 왕이 어떻게 처음 등장했다고 생각하는지 묻고 싶다. 이 질문에는 세 가지 답이 가능하다. 즉 제비뽑기, 선출, 찬탈이다. 만약 첫 왕이 제비뽑기로 뽑혔다면, 다음 왕도 그 선례에 따랐을 테니 왕위 세습은 없을 것이다. 사울은 제비뽑기로 왕위에 올랐으나 왕위 계승은 세습으로 이루어지지 않았으며, 왕위를 세습하려는 의도도 없었다. 또한 만약 어느 나라의 첫 왕이 선출되었다면, 그 역시 다음 왕의 선례가 되었을 것이다. 그렇다면 모든 다음 세대들의 권리는 처음으로 왕을 선출한 사람들의 행위에 의해 빼앗겼다고 볼 수 있다. 그들은 왕이 아니라 왕가를 영원히 선택한 것이다. 성서의 안과 밖에서 비슷한 사례를 찾는다면 원죄의 교리밖에 없다. 이 교리는 인간이 아담의 시대에 자유의지를 잃었다고 가정한다. 그렇게 비교해보면 왕위 세습은 전혀 명예로운 게 아니라는 것을 알 수 있다. 아담의 시대에는 모두가 죄인이었고, 첫 왕이 선출되었을 때는 모두가 복종했다. 아담의 시대에는 모든 인간이 사탄의 지배를 받았고, 왕의 시대에는 군주의 지배를 받았다. 아담의 시대에 우리는 죄 없는 상태를 잃었고, 왕의 시대에는 권력을 잃었다. 둘 다 우리가 예전의 상태와 특권을 되찾지 못하게 하므로 원죄와 왕위 세습은 매우 비슷하다. 둘 다 수치스러운 불명예다! 아무리 교활한 궤변가라 해도 그보다 더 타당한 비유를 만들어낼 수는 없을 것이다.

찬탈은 누구도 강력하게 옹호하지 않는다. 정복 왕 윌리엄이 찬탈자였다는 것은 모순된 사실이 아니다. 그러나 고대 영국의 군주제를 자세히 알 수 없다는 것은 분명하다.

그러나 우리의 관심사는 왕위 세습의 어리석음보다 그 폐단이다. 세습을 통해 신성한 권력을 담당할 만한 훌륭하고 현명한 군주들이 계속 배출될 수 있을까? 억압의 본성을 가진 어리석고 사악하고 타락한 인물이 등장하지 않으리라고 장담할 수 있을까? 태어나면서부터 남들을 지배할 권리를 가졌다고 여기는 사람은 금세 거만해진다. 남들과 애초부터 다르다고 믿는 사람은 거드름 때문에 쉽게 악에 물들게 마련이다. 그가 몸담은 세계는 다른 세계와 크게 다르며, 바깥 세계의 진짜 관심사가 무엇인지 알 기회가 거의 없다. 권력을 승계할 무렵 아마 나라 전체를 통틀어 가장 무지하고 준비가 덜 된 상태일 것이다.

왕위 세습의 또 다른 폐단은 때로는 나이 어린 군주가 즉위할 수도 있다는 점이다. 이럴 경우 섭정을 맡은 자는 왕의 이름으로 백성들의 신뢰를 저버릴 충분한 기회와 원인을 갖게 된다. 왕이 나이가 들어 몸이 쇠약해질 때도 똑같은 국가적 불운이 닥친다. 두 가지 경우 사악한 자가 어린 군주나 늙은 군주의 어리석음을 악용해 국정을 장악하고 제멋대로 주무르는 것을 면할 수 없게 된다.

지금까지 왕위 세습을 지지하는 가장 그럴듯한 근거는 나라를 내전에서 보호한다는 것이었다. 만약 실제로 그렇다면 중요한 근거가 되겠지만, 그것은 인류에게 강요된 가장 후안무치한 거짓말이다. 영국의 전 역사가 그 사실을 반증한다. 정복 이후 서른 명의 왕과 두 명의 미성년자가 어지러운 나라를 다스리는 동안 혁명을 포함해 내전은 여덟 차례, 반란은 열아홉 차례나 일어났다. 그러므로 왕위 세습은 평화를 구현하기보다 전쟁을 초래하며, 나라의 근간을 파괴한다.

군주제와 왕위 세습으로 인해 요크 가와 랭커스터 가가 벌인 다툼•은 수십 년 동안 영국을 유혈의 현장으로 만들었다. 헨리와 에드워드는 소규모 충돌과 포위 외에도 전면전을 열두 차례나 벌였다. 헨리는 두 차례 에드워드의 포로가 되었고 에드워드도 헨리의 포로가 되었다. 전쟁의 운명과 나라의 향방이 극히 불확실한 가운데 벌어진 다툼의 근원은 오로지 사적인 문제였다. 헨리가 감옥을 나와 궁궐로 입성하자 에드워드는 궁궐을 빠져나와 외국으로 달아나야 했다. 여러 차례 급격한 반전이 거듭되면서 불안정한 사태가 이어졌다. 다음에는 헨리가 왕좌에서 쫓겨나고 에드워드가 돌아와 왕위를 이었다. 그리고 의회는 언제나 강한 자만 추종했다.

이 다툼은 헨리 6세의 치세에서 시작되어 수십 년 동안

• 15세기 후반의 장미전쟁을 가리킨다_ 옮긴이 주

•• 저자는 자주 영국을 'E—d' 또는 'E—', 영국의 왕을 'k—'라고 표기하는데, 아마 검열을 피하기 위해서인 듯하다. 여기서는 그 생략을 무시했다_ 옮긴이 주

지속되다가 헨리 7세의 치세에 이르러 비로소 가문들이 통합을 이루었다. 1422년부터 1489년까지 무려 67년 동안 지속된 다툼이었다.

군주제와 왕위 세습은 단지 한 왕국만이 아니라 세계를 유혈과 파괴로 이끌었다. 그것은 신의 말씀이 반증하는 정부 형태이며, 항상 피를 부를 것이다.

왕의 직무를 조사해보면 왕이 아예 무위도식하는 나라도 있다. 별다른 낙도 없고 나라에 기여하는 바도 없이 그저 평생을 빈둥거리며 살다가 은퇴하고 후계자들에게 자신과 똑같은 나태한 삶을 물려주는 것이다. 절대 군주제에서는 국정과 군사의 모든 비중이 왕에게 쏠려 있다. 이스라엘 민족은 왕을 요구하면서 "우리의 왕이 우리를 다스리며 우리 앞에 나가서 우리의 싸움을 싸워야 할 것"이라고 주장했다. 하지만 왕이 나라를 다스리지도 않고 나서서 싸우지도 않는 영국** 같은 나라에서는 대체 왕의 직무가 무엇인지 알 수가 없다.

공화제에 가까운 정부일수록 왕이 할 일은 더 적다. 영국 정부 같은 경우는 마땅히 붙일 만한 명칭이 없다. 윌리엄 메러디스 경Sir William Meredith은 그것을 공화제라고 부르지만, 현재 상태로 보면 공화제에 걸맞지 않다. 왕권이 모든 것을 전횡하고 부패한 영향력을 행사하면서 사실상 권력을 독차지하고, 제도상으로 공화제의 증거인 하원의 기능마저 잠식했다는 점에서 영국 정부는 프랑스나 에스파냐

정부와 같은 군주제나 다름없다. 사람들은 제대로 이해하지도 못한 채 명칭을 가지고 다툰다. 영국인들은 평민으로써 하원을 선출하는 자유를 내세우지만 영국 제도에서 그것은 군주제가 아니라 공화제와 관련된다. 공화제가 실패할 때는 노예제가 성립하는 것을 쉽게 볼 수 있다. 영국 제도가 나쁜 이유는 바로 군주제가 공화제를 망쳤고 왕권이 하원을 잠식했기 때문이 아닌가?

영국에서 왕은 그저 전쟁이나 벌이고 매관매직이나 일삼을 따름이다. 그 점이 나라를 빈곤하게 하고 불화를 일으킨다. 1년에 80만 파운드의 돈을 쓰고 국민의 숭배까지 받는 사람이 할 짓이란 말인가! 신이 판단하건대 왕관을 쓴 모든 악한들보다는 차라리 정직한 한 사람이 사회에 더 필요하다.

아메리카의
현재 상태에 관한
고찰

이제부터 나는 오로지 단순한 사실, 명백한 논거, 평범한 상식만을 제시할 것이다. 독자와 논의할 별다른 예비사항 같은 것도 없다. 독자는 단지 편견과 선입견을 버리고, 이성과 감정을 동원해 스스로 판단하면 된다. 인간의 참모습을 되찾으면, 아니 참모습을 버리지 않으면, 누구나 현재를 뛰어넘어 자신의 견해를 폭넓게 확장할 수 있다.

영국과 아메리카의 싸움에 관해서는 지금까지 많은 책이 나왔다. 각계각층의 사람들이 다양한 동기와 여러 가지 구상으로 논쟁에 참여했다. 그러나 다 헛수고에 그쳤고 토론의 시기가 끝나버렸다. 결국 최후의 수단으로 무기가 승패를 결정했다. 왕의 호소였고 대륙은 도전을 받아들였다.

전하는 바에 따르면 고故 펠럼Pelham 대신은 하원에서 그저 임시변통의 방책으로 일관한다는 비난을 받았을 때 이렇게 대답했다고 한다. "나는 죽을 때까지 그 방책을 고수할 겁니다." 현재의 다툼에서 식민지가 이처럼 비관적이고 나약한 생각에 빠져 있다면, 후손들은 조상들의 이름을 욕되게 기억할 것이다.

더 중요한 쟁점은 아직 드러나지 않았다. 한 도시, 한 나라, 한 지방, 한 왕국의 사안이 아니라 한 대륙의 사안, 지구상에서 거주 가능한 면적의 적어도 팔분의 일에 해당하는 지역의 사안이다. 또한 그것은 하루, 한 해, 한 시대의 관심사가 아니라 후손들에게까지 연관된 관심사다. 지금 그 일을 처리하는 방식은 후대에 영구히 영향을 남길 것이다. 지금은 대륙의 통합, 신뢰, 영광의 파종기에 해당한다. 지금은 비록 어린 참나무의 부드러운 껍질에 못으로 새긴 이름처럼 작은 균열에 불과하지만, 상처는 나무와 함께 자라 장차 후손들이 큰 글자로 읽을 수 있게 될 것이다.

해결 방식이 논증에서 무기로 전환됨에 따라 새 정치의 시대가 열리고 새로운 사고방식이 생겨났다. 전쟁이 발발한 4월 19일● 이전의 모든 계획, 제안 등은 마치 작년 달력처럼 쓸모가 없어졌다. 과거에는 통했더라도 지금은 무의미해졌다. 당시 분쟁의 양측에서 제기한 모든 주장은 한가지 목적을 가지고 있었다. 그것은 바로 영국과의 통합이

● 미국 독립전쟁이 시작된 1775년 4월 19일을 말한다_ 옮긴이 주

었다. 차이가 있다면 단지 통합을 실현하는 방법이었다. 한 측은 무력을 제안했고 다른 측은 우호를 제안했다. 그러나 작금의 사태에서 보듯이 전자는 실패했고 후자는 영향력을 잃었다.

화해를 통해 얻을 수 있는 이득에 관해 많은 말들이 오갔으나 모두 기분 좋은 꿈처럼 사라져버렸고 결국 달라진 것은 없었다. 하지만 우리는 논증의 반대편도 검토해야 한다. 식민지가 영국과 연관을 유지하고 종속된 상태에 계속 머물 때 견뎌야 할 물질적 피해를 어느 정도 조사해볼 필요가 있다. 본성과 상식을 원칙으로 삼고 영국과의 연관과 종속을 조사해보면, 만약 분리될 경우 우리가 무엇을 의지해야 할지, 또 종속을 유지할 경우 무엇을 기대해야 할지 알 수 있다.

혹자는 아메리카가 영국으로 인해 번영을 누렸고, 영국과의 관계는 미래의 행복을 위해 반드시 필요하며, 앞으로도 그 점은 변함없을 것이라고 주장한다. 하지만 이보다 더 잘못된 주장은 없다. 그러한 설명은 아이는 어릴 때 우유를 먹으므로 자라서 고기를 먹지 않아도 된다거나, 우리 삶의 초반 20년은 다음 20년의 선례가 된다고 말하는 것이나 다를 바 없다. 설령 명백한 사실이라 해도 나는 단호히 주장하고 싶다. 유럽 열강이 간섭하지 않았어도 아메리카는 변함없이 번영했을 것이며, 아마 더 크게 번성했을지도 모른다. 아메리카는 생존을 위해 자체적으로 상업을 발전

시켰으며, 앞으로도 유럽 사람들이 먹고 살아야 하는 이상 아메리카의 시장은 언제나 열려 있을 것이다.

하지만 영국이 우리를 보호해주지 않았느냐고 말하는 사람도 있다. 영국이 우리를 키워주고 방어해준 것은 사실이다. 하지만 거기에는 영국만이 아니라 우리의 희생도 따랐다. 무역과 지배를 위해서라면 영국은 대륙이 아니라 터키라 해도 방어해주었을 것이다.

안타깝게도 우리는 오랫동안 전통적인 편견에 사로잡혔고 미신에 희생되었다. 영국이 우리를 보호해준다고 떠벌리는 동기는 애정이 아니라 이익이었음을 알지 못했다. 우리의 입장을 생각해 우리의 적으로부터 보호해준 게 아니라 영국의 입장에서 영국의 적으로부터 보호했을 뿐이다. 영국의 보호를 뿌리치고 종속을 벗어던지면 우리는 영국과 싸우고 있는 프랑스나 에스파냐와도 화평을 도모할 수 있다. 우리는 지난 전쟁•에서 하노버가 겪은 고통을 영국과의 연관에 대한 경고로 삼아야 한다. ••

최근 의회에서는 모국을 통하지 않으면 식민지들 간에도 서로 관계를 가질 수 없도록 하자는 주장이 제기되었다. 이를테면 펜실베이니아와 저지, 나아가 다른 지역들

도 영국을 통해 형제 관계를 맺어야 한다는 것이다. 이런 경로는 분명히 번거롭기 짝이 없으며, 심하게 말하면 서로 등을 돌리기에 첩경이다. 우리가 아메리카인이라면 프랑스와 에스파냐는 과거에도 우리의 적이 아니었고 앞으로도 그렇겠지만, 우리가 영국의 신민이라면 다를 것이다.

어떤 사람은 그래도 영국은 모국이지 않느냐고 말한다. 하지만 그렇다면 영국의 행위는 더욱 수치스럽다. 금수라 해도 자기 새끼를 잡아먹지는 않으며, 야만인이라 해도 가족과 전쟁을 벌이지는 않는다. 그러므로 설령 사실이라 해도 질책의 대상이 될 것이다. 그러나 전부는 아니고 부분적으로만 사실이다. 모국이라는 말은 예수회 떨거지 같은 저급한 가톨릭적 발상에서 나온 용어로, 우리 마음속의 속아 넘어가기 쉬운 취약성을 악용해 부당한 편견을 조장한다. 아메리카의 모국은 유럽이지 영국이 아니다. 이 신세계는 유럽 각지에서 탄압에 시달리며 시민의 자유와 신앙의 자유를 찾았던 사람들의 도피처였다. 그들은 어머니의 따뜻한 품을 박차고 나온 게 아니라 잔인한 괴물의 손아귀에서 도망친 것이다. 특히 영국의 경우, 최초의 이주민들을 고향에서 쫓아냈던 바로 그 폭정이 지금도 그들의 후손들을 괴롭히고 있다.

우리는 지구상의 광대한 지역에서 580킬로미터(영국의 크기) 밖에 안 되는 이 좁은 지역을 잊어버리고 우리의 우호를 더 큰 규모로 확산시킨다. 우리는 유럽의 모든 그리스도교도와 형제 관계를 맺으며, 우호적 구도를 폭넓게 확장하고자 한다.

우리가 세계에 관한 지식의 폭을 넓히면서 지역적 편견의 힘을 점차 극복해가는 모습을 보는 것은 즐거운 일이다. 영국의 한 도시에서 태어난 사람은 교구별로 편제되므로 자연히 동료 교구민들과 주로 어울리며(대체로 관심사가 일치하기 때문이다) 이웃이라는 이름으로 스스로를 구분한다. 하지만 집에서 불과 몇 킬로미터 떨어진 곳에만 가도 동네라는 편협한 생각을 버리고 시민이라는 이름을 취하게 된다. 또 그 지방의 바깥으로 여행하면 거리와 동네라는 사소한 구분을 잊고 동포라는 이름을 얻는다. 그러나 프랑스 같은 유럽의 다른 나라로 가면 지역의 기억은 영국인의 기억이 된다. 그런 추론을 연장하면 아메리카에서 혹은 지구상의 다른 곳에서 만난 모든 유럽인들은 다 동포다. 영국, 네덜란드, 독일, 스웨덴 등은 전체와 비교하면 더 큰 차원에서 같은 지역에 속하기 때문이다. 대륙의 시각에서 보면 거리, 도시, 지방의 구분은 사소한 것에 불과하다. 이 지방의 주민만 해도 삼분의 일은 영국계가 아니다. 그러므로 나는 모국이라는 개념을 영국에만 적용하는 것은 허구적이고 이기적이며 편협하다고 본다.

설령 우리 모두가 영국계라고 해도 그게 무슨 의미가 있는가? 아무 의미도 없다. 지금 영국은 공공연한 적일 뿐 일체의 다른 명칭이나 호칭이 필요 없다. 또한 우리가 화해해야 한다는 말도 웃기는 소리다. 현재 왕통으로 영국의 첫 왕(정복 왕 윌리엄)은 프랑스인이었으며, 영국 귀족들도 절반은 원래 프랑스계다. 그렇게 따진다면 영국은 프랑스의 지배를 받아야 할 것이다.

영국과 식민지가 통합을 이루면 세계를 호령할 만큼 강력한 힘을 얻게 되리라고 주장하는 사람도 많다. 하지만 그것은 순전한 추측일 뿐이다. 전쟁의 운명은 불확실하므로 그런 견해는 무의미하다. 지금 이 대륙의 주민들은 아시아, 아프리카, 유럽에서 영국군을 부양하기 위해 자체의 힘을 소진할 의사가 전혀 없다.

그렇지 않다 해도 세계를 호령하는 게 우리와 무슨 상관이 있는가? 우리는 통상을 원하며, 원활한 통상이 유럽 전역에서 평화와 우호를 확립하는 데 도움이 된다고 생각한다. 아메리카를 자유 항구로 만드는 게 전 유럽에게 이익이 된다. 아메리카의 무역은 보호 역할을 할 것이며, 아메리카는 금과 은이 없기 때문에 외부의 침략을 면할 수 있다.

화해를 열렬히 옹호한다고 해서 과연 이득이 단 하나라도 있을까? 나는 영국과 연관됨으로써 이 대륙이 거둘 수 있는 이득은 전혀 없다고 본다. 우리의 곡물은 유럽의 어느 시장에서도 제 값에 팔리며, 우리의 수입품은 어디든 우리가 원하는 곳에서 돈을 주고 살 수 있다.

반면 영국과의 연관으로 우리가 겪는 피해와 불이익은 무수히 많다. 우리 자신만이 아니라 인류에 대한 우리의 의무는 우리에게 동맹을 포기하라고 가르친다. 영국에 복종하거나 종속되면 유럽에서 벌어지는 전쟁과 분쟁에 개입하게 될 수밖에 없다. 그렇게 되면 우리와 우호를 맺을 수도 있었던 나라들, 아무런 분노나 불만을 품지 않는 나라들과 적대하게 된다. 유럽은 우리의 무역 시장이므로 특정 지역과 편파적 관계를 맺어서는 안 된다. 유럽의 다툼에 말려들지 않는 것이 아메리카의 참된 이익이다. 그런데 영국에 종속되면 불가능하다. 영국의 정치라는 저울에서 균형을 맞추는 데 우리가 이용되기 때문이다.

유럽은 왕국들이 너무 밀집해 있어 장기간의 평화가 불가능하다. 영국과 어느 나라가 전쟁을 벌이면 아메리카는 영국과 관계를 맺고 있기 때문에 무역이 붕괴된다. 다음 전쟁은 지난번과 양상이 다를지도 모른다. 그럴 경우 지금 화해를 옹호하는 사람들도 그때 가면 분리를 바라게 될 것이다. 그때 중립을 유지하는 것은 군함보다 더 안전한 호위함이기 때문이다. 분리의 요구는 올바르고 자연스럽다. 살해된 사람들의 피, 본성의 목소리는 이제 헤어질 때가 되었다고 외친다. 신이 정한 영국과 아메리카의 먼 거리도 한 쪽이 다른 쪽을 지배하는 게 하늘의 뜻이 아니라는 강력한 자연적 증거다. 대륙이 발견된 시기도 그 논거에 힘을 실어주며, 원주민이 이미 살고 있었다는 사실도 힘을 더욱 배가시킨다. 종교개혁에 앞서 아메리카가 발견된 것을 보면, 마치 신이 친절하게도 장차 박해받을 사람들에게 고향이 우호와 안전을 제공하지 못할 경우를 대비해 피난처를 열어준 듯하다.

영국이 이 대륙에서 행사하는 권력은 머지않아 끝장날 수밖에 없는 정부 형태다. 진지한 사람이라면 '현행 제도'가 임시적으로 유지될 게 뻔하다는 고통스러운 확신에 기분이 좋을 리 없다. 우리 역시 부모로서 이 정부가 후대에 뭔가를 물려줄 만큼 오래 지속되지 못하리라는 것을 잘 알기 때문에 전혀 즐겁지 않다. 명백한 논거에 따라 우리는 후대에게 빚더미를 안겨주는 것이다. 뭔가 조처를 취해야 한다. 그렇지 않으면 후손에게 욕된 짓을 하는 것이다. 우리의 의무를 올바르게 파악하려면, 우리는 자식의 손을 잡고 몇 년 앞을 내다볼 수 있는 높은 위치로 옮겨야 한다. 그곳에 오르면 현재의 두려움과 편견이 우리 시야에서 사라질 것이다.

나는 불필요한 불쾌감을 주지 않도록 세심하게 배려하고 싶지만, 그래도 화해 정책을 지지하는 사람들이 다음 부류에 속한다고 믿지 않을 수 없다. 신뢰를 주기 어려운 타산적인 사람, 앞을 내다볼 줄 모르는 나약한 사람, 앞을 내다보지 않으려는 편견에 사로잡힌 사람, 유럽 세계를 필요 이상으로 좋게 여기는 온건한 사람. 이 가운데 마지막 부류는 판단력이 흐려져 있으므로 장차 다른 세 부류를 합친 것보다 더 큰 재앙을 부를 것이다.

슬픔의 현장에서 멀리 떨어져 있다는 것은 많은 사람들의 큰 행운이다. 사람들이 아메리카의 재산을 위험하게 여길 만큼 악이 가까이 다가오지는 않았다. 그러나 잠시 우리의 상상을 보스턴으로 옮겨보자. 비참한 현장은 우리에게 지혜를 전해주며, 신뢰할 수 없는 세력과는 영원히 단절해야 한다고 가르쳐준다. 불행한 도시의 주민들은 불과 몇 달 전만 해도 안락하고 풍요롭게 지냈으나 지금은 앉아서 굶어죽거나 구걸에 나서야 할 처지가 되어버렸다. 도시에 계속 머물면 아군이 가하는 포화로 위험에 처하고, 도시를 떠나면 군대의 약탈을 피할 수 없다. 현재 주민들은 풀려날 희망이 없는 포로와 같은 처지다. 그들을 구하기 위해 총공격이 가해진다면 그들은 양측 군대에 당하게 될 것이다.

수동적 기질을 가진 사람들은 영국이 저지른 짓을 다소 가볍게 여기는 경향이 있다. 그들은 최선의 상황을 기대하면서 이렇게 소리친다. "그런 일은 다 잊고 우리 다시 친구가 되자." 그러나 인간의 열정과 감정을 생각해보라. 화해 정책을 자연의 시금석에 비추어 살펴보고 나서, 내 나라에 불과 칼을 안긴 세력을 사랑하고 존중하고 충직하게 섬길 수 있는지 말해보라. 그럴 수 없다면 스스로를 속이는 것이며, 머뭇거리다가 후대에 피해를 떠넘기는 결과를 빚게 된다. 사랑할 수도, 존중할 수도 없는 영국과 관계를 맺으면 강제적이고 부자연스러운 상황에 처하게 될 것이다. 단지 당장의 편의를 도모하자는 발상에 불과하며, 얼마 지나면 전보다 더 비참한 상태로 전락할 것이다. 그래도 침탈에 신경 쓰지 않겠다는 사람이 있다면, 나는 그에게 묻고 싶다. 당신의 집이 불에 타본 적이 있는가? 당신이 보는 앞에서 당신의 재산이 파괴된 적이 있는가? 당신의 처자식이 발 뻗고 누울 곳이나 빵 한 덩이도 없는 형편이었던 적이 있는가? 그들의 손에 부모나 자식을 잃어본 적이 있는가? 완전히 파멸해 목숨만 부지하는 처지가 되어본 적이 있는가? 그렇지 않다면 그래본 적이 있는 사람을 함부로 판단하지 말라. 그런 경험이 있는데도 살인자들과 손을 잡으려 한다면, 당신은 남편, 아버지, 친구, 연인 등 당신이 살아오면서 가졌던 직함과 호칭에 걸맞지 않은 사람이다. 당신은 겁쟁이고 아첨꾼이다.

사태를 부채질하거나 과장하려는 게 아니다. 그저 본성에 맞는 감정과 느낌을 가지라는 것이다. 그것이 없으면 우리는 삶의 사회적 의무를 이행할 수 없고 삶의 행복을 누릴 수 없다. 내 의도는 공포를 표출해 보복을 가하려는 게 아니라 우리를 패배감과 비겁함의 잠에서 깨워 확고한 목표를 단호하게 추구하도록 하려는 것이다. 영국이나 유럽의 힘이 아메리카를 정복한다기보다 아메리카 자체가 나태와 소심함에 빠지면 정복당하는 것이다. 현재의 겨울은 올바르게 대응한다면 겪어볼 가치가 있지만, 제대로 대응하지 못하면 대륙 전체가 공멸하게 된다. 어느 누구든, 어떤 일을 하는 사람이든, 어떤 목표를 가진 사람이든 그렇게 값지고 유용한 기간을 허비하고 싶지는 않을 것이다.

이 대륙이 외부의 힘에 예속된 상태로 남아도 좋다고 생각하는 것은 이성에 부합하지 않으며, 사물의 보편적 질서와 이전 시대의 모든 사례에도 어긋난다. 영국에서 가장 낙천적인 사람이라도 그렇게 생각하지는 않을 것이다. 인간의 지혜를 극도로 끌어올린다면, 지금 대륙에 1년이라도 안전을 약속하는 분리 이외의 다른 계획은 구상할 수 없다. 화해는 예나 지금이나 잘못된 꿈이다. 자연은 연관을 버렸고, 인공은 자리를 메울 수 없다. 밀턴Milton이 말한 바 있듯이, "극단의 증오가 깊은 상처를 남긴 곳에서는 참된 화해가 싹틀 수 없다."

평화를 구하는 조용한 방법은 다 실패했고 우리의 기도는 경멸받았다. 이윽고 우리는 깨달았다. 탄원을 거듭할수록 왕은 허영심에 부풀고 고집을 굳힐 뿐이다. 그럴수록 오히려 유럽의 왕들은 더욱 독선적이 된다. 덴마크와 스웨덴을 보라. 난투극밖에 통하지 않았기 때문에 결국 분리하게 된 것이다. 그 결과 다음 세대에는 부모와 자식의 무의미한 명분 아래 벌어지는 싸움에 휘말리지 않을 수 있었다.

그런 일이 두 번 다시 없으리라고 말하는 것은 나태한 망상이다. 우리는 인지세법●이 철회될 때 그렇게 생각했으나 한두 해 만에 미망에서 벗어났다. 한 번 좌절을 겪은 나라

● 1765년 아메리카 식민지의 신문, 서류 등에 인지를 부과해 세수를 늘리려 한 영국 의회의 법안_ 옮긴이 주

가 다시 그런 말썽을 일으키지 않으리라고 볼 수 있을까?

정부 문제에 관해 영국은 이 대륙의 정치를 담당할 능력이 없다. 억지로 하려다가는 금세 너무 힘들어지고 복잡해져 일 처리가 불가능해질 것이다. 그들은 우리와 너무 멀리 떨어져 있기 때문에 우리를 전혀 알지 못한다. 우리를 정복하지 못하면 우리를 지배할 수 없다. 5~6천 킬로미터나 되는 거리를 넘어 정보나 보고서를 전달하면 답신이 오기까지 4~5개월이나 걸리고 그 내용을 설명하는 데 또 5~6개월이 필요하다. 이렇게 몇 년을 허송하는 것은 어리석고 유치한 일이다. 과거에는 그래 왔지만 지금은 그래서는 안 된다.

스스로를 보호할 능력이 없는 작은 섬들은 왕국들이 손에 넣기에 적합한 목표물이다. 그러나 대륙이 섬의 지배를 받는다는 것은 터무니없다. 자연은 어떤 경우에도 행성보다 위성을 크게 만드는 법이 없다. 영국과 아메리카는 자연의 평범한 질서를 역행하고 있으므로 서로 다른 제도를 가지는 게 합당하다. 영국은 유럽에 속하고, 아메리카는 자체에 속한다.

나는 자존심, 정파, 악감정 때문에 분리와 독립의 정책을 지지하는 게 아니다. 나는 명확하고 확고하고 양심적으로 이 대륙이 그렇게 되어야 한다고 설득하고자 한다. 그렇지 못하면 모든 일이 허사가 되며, 지속적인 행복이란 없다. 마치 우리 후손들에게 칼을 넘겨주는 것과 같다. 조금만 더 애쓰고 조금만 더 밀어붙이면 이 대륙을 지상의 영광으로 탈바꿈시킬 수 있는 순간에 움츠러들고 마는 격이다.

영국은 타협의 의지를 전혀 보이지 않으므로 대륙이 수용할 만한 약정을 맺기란 도저히 불가능하다. 우리는 이미 피와 재산을 몽땅 걸어야 하는 상황에 놓여 있다.

늘 그렇듯이 목적은 지출에 걸맞은 성과를 올리는 데 있다. 혐오스러운 노스North• 도당을 제거하는 것 정도는 지금까지 우리가 들인 막대한 수고의 대가로는 부족하다. 무역의 일시적 중단은, 이의를 제기한 법안들의 철회가 이루어졌다면 충분히 대가를 얻었겠지만 결국은 불편만 초래하고 끝났다. 그렇다고 해서 하찮은 내각과 싸우기 위해 대륙 전체가 무장하고 모두가 병사로 나서는 것은 쓸데없는 짓이다. 우리가 싸우는 목표가 오로지 법안의 철회라면 너무 값비싼 비용이 든다. 올바르게 평가해보면, 법과 땅을 위해 벙커힐•• 같은 대가를 치르는 것은 어리석기 짝이 없다. 나는 늘 이 대륙의 독립을 조만간 실현될 사건으로 여겼지만, 대륙이 최근에 급속한 진보를 이룬 것을 보면 그날은 멀지 않다. 그러므로 그저 성의만 보이려는 게 아니라면, 전쟁의 발발을 눈앞에 둔 시점에서 시간이 결국 해결해

• 미국 독립 당시의 영국 총리_ 옮긴이 주
•• 1775년 보스턴 포위전에서 아메리카가 승리한 전투를 가리킨다_ 옮긴이 주

1775년 6월에 발생한 미국과 영국의 벙커힐 전투는 미국 독립혁명에
중요한 역할을 했다.

줄 사안을 논의할 필요는 없다. 마치 임대 기간이 만료될 즈음에 소작인의 불법 행위를 규제하기 위해 온 재산을 걸고 법률 소송을 벌이려는 격이다. 실은 1775년 4월 19일● 그 운명의 날 이전까지는 나보다 더 화해를 절실하게 바라는 사람도 없었다. 그러나 그날의 사건이 알려진 순간 나는 비정하고 음흉한 파라오를 영원히 거부하기로 마음먹었다. '국민의 아버지'를 참칭하면서도 학살극을 대수롭지 않게 여기고 태연하게 잠자리에 드는 야비한 자를 경멸했다.

하지만 작금의 사태를 감안할 때 화해를 고집할 경우 사태는 어떻게 전개될 것인가? 나는 대륙이 파멸하리라고 본다. 여기에는 몇 가지 근거가 있다.

첫째, 왕은 아직 통치권이 있는 지배세력을 대표한다. 왕은 이 대륙의 법제를 송두리째 거부할 것이 뻔하다. 그가 자유의 완강한 적이고 전횡적 권력을 갈망한다는 사실이 명백히 드러난 이상, 그는 식민지에게 "내가 원하는 것 이외에 어떤 법도 정하지 말라"고 말할 권리가 과연 있는가? 아메리카의 어떤 주민이 이른바 현행 제도에 따를 경우, 왕이 허락하는 것 이외에 어떤 법도 만들 수 없다는 것을 모를 만큼 무지하겠는가? 또한 지금까지의 사태를 감안할 때 어떤 주민이 왕의 목적에 부합하는 것 이외에 여기서 만들어진 어떤 법도 고통을 줄 뿐이라는 것을 모를 만

● 렉싱턴 학살이 벌어진 날

큼 무지하겠는가? 우리 입장에서는 법이 없는 상태로 살거나 영국에서 만든 법에 따르거나 예속되기는 매한가지다. 사태가 마무리된 이후에는 왕권이 전일적으로 행사되어 이 대륙을 가능한 한 초라하고 볼품없는 상태로 유지하려 하지 않겠는가? 우리는 앞으로 나아가기보다 뒤처질 것이며, 끊임없이 다투거나 어리석은 탄원만 거듭하게 될 것이다. 우리는 이미 왕이 원하는 것보다 더 힘이 커졌으니 왕은 앞으로 우리를 위축시키려 애쓰지 않겠는가? 사안을 하나로 집중시켜보자. 우리의 번영을 시샘하는 세력이 우리를 지배하도록 놔둬야 할 것인가? 이 질문에 안 된다고 답하는 사람은 독립적이다. 독립의 의미는 바로 우리 스스로를 위한 법을 만들 수 있는지, 아니면 이 대륙의 숙적이 "내가 원하는 것 이외에 어떤 법도 정하지 말라"고 지시할 수 있는지에 달려 있기 때문이다.

하지만 영국은 왕에게 거부권이 있다. 그곳 사람들은 왕의 동의 없이 법을 만들 수 없다. 올바르고 선한 질서의 관점에서 보면 그것은 대단히 우스꽝스러운 일이다. 겨우 스물한 살밖에 안 된 청년(왕의 나이가 어린 경우는 흔히 있다)이 자기보다 나이도 많고 더 현명한 수백만 명에게 이러저러한 법을 불허한다고 말하는 것이다. 하지만 이곳에 사는 나는 그런 대응을 거부하며, 불합리를 끊임없이 폭로할 것이다. 영국은 왕이 있는 곳이고 아메리카는 아니기 때문에 사정이 크게 다르다. 이곳에서 왕이 거부권을 행사하면 영국에서보다 열 배는 더 위험하고 파괴적이다. 예를 들어 영국에서는 최대한 강력한 방어망을 구축한다는 법안에 왕이 반박할 리가 만무하지만, 아메리카에서 왕은 그런 법안 자체를 통과시키려 하지 않는다.

아메리카는 영국 정계에서 부차적인 대상에 불과하다. 영국은 이 나라의 이익을 논의하지만 자체의 목적을 고려하는 데서 더 나아가지는 않는다. 그러므로 영국의 이익이 증진되지 않거나 별로 상관이 없을 경우에는 영국의 이해관계가 우리의 성장을 짓누르는 것이다. 지금까지의 사태를 보면 간접 정부의 치하에서 우리는 곧 곤란한 상황에 처하게 될 것이다! 인간은 이름만 바뀐다고 해서 곧바로 적에서 친구로 바뀌지 않는다. 지금 화해가 위험한 정책임을 보여주기 위해 단언하건대, 현재 왕의 정책은 자신이 식민지 정부에 복귀하기 위해 법안을 철회하려는 것이다. 단기적인 힘과 폭력으로 이룰 수 없는 것을 장기적인 책략과 공작으로 달성하려는 의도다. 그러므로 화해와 파멸은 밀접한 관계가 있다.

둘째, 우리가 기대할 수 있는 최선의 약정이 맺어진다 해도 그 결과는 일시적 방편이거나 보호에 의한 정부 형태에 불과하며, 식민지가 충분히 성숙할 때까지 존속하지 못할 것이다. 따라서 과도기의 전반적인 형세와 상태는 몹시 불안정하고 전망이 어두울 것이다. 재산을 가진 이주민들은 정부 형태가 간신히 허울만 유지할 뿐 매일 폭동과 혼란이 발발할 위기에 놓인 나라에 오지 않으려 할 것이다. 현재의 주민들도 그 와중에 재산을 처분하고 대륙을 떠나 버릴 것이다.

하지만 가장 강력한 논거는 이것이다. 오로지 독립만이, 즉 대륙 자체의 정부 형태만이 대륙의 평화를 유지하고 내전의 피해를 막을 수 있다. 지금 나는 영국과의 화해가 두렵다. 화해가 이루어지면 어딘가에서 폭동이 일어날 것이고 그로 인해 영국과 적대하는 것보다 훨씬 더 치명적인 결과를 초래할 가능성이 크다.

영국의 만행으로 이미 수천 명이 파멸했다(아마 앞으로도 그 이상이 같은 운명을 겪을 것이다). 그 사람들은 고통을 겪지 않은 우리와는 다른 감정을 가지고 있다. 지금 그들에게 남은 것이라고는 자유뿐이다. 예전에 누렸던 것은 자유를 위해 바쳤고, 더 이상 잃을 게 없으므로 복종을 경멸한다. 그렇지 않더라도 영국 정부에 대한 식민지의 전반적 태도는 혈기왕성한 젊은이와 같아서 영국에 별로 신경을 쓰지 않을 것이다. 평화를 유지할 수 없는 정부는 정부가 아니다. 그 경우 우리는 돈을 낭비하는 셈이다. 만약 화해가 이루어진 바로 다음 날 시민 폭동이 터진다면 서류상의 권력만 가진 영국이 과연 무엇을 할 수 있을까? 어떤 사람들은 깊이 생각하지도 않고 독립이 자칫 내전을 유발할까 두렵다고 말한다. 하지만 그 경솔한 생각이 이곳에서 현실화될 가능성은 적다. 독립을 이루기보다 영국과 얼기설기 연관

될 경우 생겨날 사태가 열 배는 더 두렵기 때문이다. 자기 자신이 그런 피해를 본다고 해보자. 만약 내가 집에서 쫓겨나고, 재산을 잃고, 몰락한 처지가 된다면, 막대한 손해를 입었다고 느낀다면 결코 화해 정책을 환영하거나 지지하지 않을 것이다.

식민지는 바람직한 질서의 정신과 대륙 정부를 따르겠다는 입장을 표명한 바 있다. 대륙 정부는 분별 있는 모든 사람들을 편안하고 행복하게 만들어줄 것이다. 한 식민지가 다른 식민지에게 패권을 행사하려 들 것이라는 두려움은 어리석고 터무니없을 뿐 아니라 아무런 구실이나 근거도 부여할 수 없다.

차별이 없으면 패권도 없다. 완벽한 평등은 유혹의 여지를 남기지 않는다. 유럽의 공화국들은 전부 (그리고 언제나) 평화롭다. 네덜란드와 스위스는 국내·외에서 발생하는 전쟁이 없다. 반면 군주정은 오랜 기간 안정을 이루지 못한다. 왕권 자체가 야심찬 국내의 불한당들을 유혹하며, 왕의 권위에 수반되게 마련인 자만과 오만은 외국 열강과의 불화를 빚는다. 더 자연스러운 원칙에 의거해 형성된 공화정이라면 그런 잘못을 바로잡을 수 있다.

독립을 두려워할 만한 진짜 이유가 있다면, 아직까지 독립을 위한 어떤 계획도 수립하지 못했다는 점이다. 사람들은 탈출구를 찾지 못하고 있다. 그래서 나는 몇 가지를 조언하고자 한다. 조심스럽게 말하면, 나 자신의 대단한 견해라기보다는 뭔가 더 나은 방법을 모색하기 위한 수단이라고 해야 할 듯싶다. 때로는 개인들의 산만한 생각도 효과가 있다. 현명하고 유능한 사람들이 생각을 재료로 삼아 유용하게 개선할 수도 있기 때문이다.

하원 회의를 연례화하고, 의장을 한 명 세우자. 의원단은 더 평등해야 한다. 의원의 업무는 전적으로 국내로 제한되며, 대륙 회의의 권력에 종속된다.

각 식민지를 여섯, 여덟, 열 개 지구로 적절히 구분하고, 각 지구는 정해진 대표를 대륙 회의에 보낸다. 이리하여 식민지 한 곳당 최소한 서른 명의 의원을 두게 되며, 대륙 회의의 전 의원 수는 390명 이상이 된다. 대륙 회의가 열릴 때마다 다음과 같은 방식으로 의장을 선출한다. 대표단이 모이면 13개 식민지 가운데 한 식민지를 제비뽑기로 정한 뒤 의원 전체의 투표로 지방의 대표들 중에서 의장을 선출하도록 한다. 다음 회의 때는 이전 회의에서 의장이 선출된 식민지를 제외한 나머지 12개 식민지 가운데 한 식민지를 제비뽑기로 정한다. 그런 식으로 13개 식민지 전부 돌아가며 한 차례씩 의장을 배출하게 하는 것이다. 또 완전히 공정한 법안만 통과시키도록 하기 위해 대륙 회의의 오분의 삼 이상을 다수로 정한다. 이렇게 평등하게 구성된 정부에서 불화를 조장하고 싶은 사람은 악마의 편에 서야 할 것이다.

그러나 누가 어떤 방식으로 이 일을 처음 시작해야 하

는지에 관해서는 미묘한 측면이 있다. 피지배자와 지배자, 다시 말해 대륙 회의와 주민들 사이의 조정 기구가 시작하는 편이 가장 무난하고 일관성이 있다. 이 기구는 다음과 같은 방식과 목적으로 회의를 개최한다.

각 식민지마다 두 명씩 파견된 대륙 회의 의원 스물여섯 명이 하나의 위원회를 구성한다. 상·하원 혹은 주 대회의 의원은 두 명씩이다. 그리고 각 주의 수도나 도시에서 전체 주민 대표 다섯 명을 뽑아 주 전체를 대변하게 한다. 이 투표에는 주의 각 지역에서 적절하다고 생각되는 수의 자격 있는 유권자들이 참여한다. 혹은 사정에 따라 인구가 가장 많은 지역에서 두세 명의 대표를 뽑을 수도 있다. 이렇게 소집된 회의에서 활동의 두 가지 대원칙, 즉 지식과 권력을 결합시킬 것이다. 대륙 회의, 주의회, 대회의 구성원들은 전국적 관심사에 대한 경험을 쌓음으로써 유능하고 유용한 고문이 될 것이며, 전체는 주민에게서 권력을 얻어 진정으로 합법적인 권위를 가지게 될 것이다.

회의 구성원들의 임무는 영국의 대헌장처럼 대륙 헌장 혹은 통합 식민지 헌장의 초안을 작성하는 일이다. 대륙 회의와 주의회 의원의 수, 선출 방식, 회기를 규정하고, 업무와 권한의 범위를 확정한다. 우리의 강점은 지방이 아니라 대륙에 있다는 것을 명심해야 한다. 모든 사람의 자유와 재산을 안전하게 하고, 무엇보다 양심의 명령에 따른 자유로운 종교 활동을 보장하며, 기타 헌장에 필요한 사항을 포함해야 한다. 그런 다음 곧바로 전술한 회의를 해산하고, 전술한 헌장에 부합하는 기구들을 구성해야 한다. 당분간 이 기구들이 대륙의 입법과 행정을 맡을 것이다.

이 대륙에 평화와 행복이 깃들지어다, 아멘.

만약 차후에 이런 목적으로 대표단이 구성된다면, 나는 그들에게 정부에 관해 현명한 견해를 가진 드라고네티 Dragonetti의 다음과 같은 주장을 들려주겠다.

> 정치인의 과학은 행복과 자유의 정확한 접점을 찾아내는 것이다. 개인들의 행복을 최대화하면서 국가적 비용을 최소화하는 정부 양식을 발견하는 사람은 세대를 망라한 모든 사람들의 감사를 받을 자격이 있다.

하지만 아메리카의 왕은 어디에 있느냐고 말하는 사람도 있다. 나는 그런 사람에게 왕은 군림하지만 영국의 왕처럼 인간을 파괴하지는 않는다고 말해주겠다. 그렇다고 해서 우리가 세속의 명예를 완전히 무시하는 것은 아니다. 날을 정해 엄숙하게 헌장을 선포하자. 그것을 신성한 법, 신의 말씀 위에 올려놓자. 또 그 위에 왕권을 올려놓자. 그러면 세상은 알 것이다. 우리는 군주제를 인정한다. 그러나 아메리카에서는 법이 곧 왕이다. 절대 정부에서는 왕이 곧 법이듯이 자유로운 나라에서는 법이 곧 왕이어야 하며, 다른 지배자는 없어야 한다. 하지만 이 방식이 훗날 남용

되지 않도록 하기 위해, 의식을 마무리할 때 왕권을 없애고 국민의 권리 속에 분산시키도록 하자.

우리의 정부는 우리의 자연권이다. 인간사의 불확실성을 진지하게 성찰하면, 우리의 제도를 시간과 우연에 맡기기보다 냉철한 자세로 우리 스스로 제도를 만들고 우리가 직접 장악하는 편이 훨씬 더 지혜롭고 안전하다는 확신을 가질 수 있다. 지금 그것을 게을리하면 언제든 마세넬로 Massenello● 같은 자가 등장해서 대중의 불안에 편승해 궁지에 처한 불만분자들을 규합하고 정부 권력을 차지하고 대륙의 자유를 휩쓸어버릴지도 모른다. 만약 아메리카 정부가 영국의 수중으로 되돌아가 불안정한 상황이 된다면, 그런 야심가들이 목숨을 걸고 자신의 운을 시험해보겠다는 유혹을 느낄 수 있다. 그럴 경우 영국은 어떻게 도움을 줄 것인가? 영국이 그 중대 사건의 소식을 접하기도 전에 일은 다 끝나 있을 것이다. 이미 우리는 정복 왕의 억압 아래 신음하던 브리튼 족처럼 고통에 시달리고 있을 것이다. 독립에 반대하는 자들이여, 그대들은 자신이 무슨 일을 하는지 모른다. 그대들은 정부의 자리를 비워둠으로써 영원한 독재의 문을 열고 있다. 그 잔인하고 흉악한 힘을 대륙에서 몰아내는 일을 영광스럽게 여기는 사람들이 수천, 수만

● 마세넬로라고도 불리는 토마스 아넬로Thomas Anello는 나폴리의 어부로, 시장에서 동포들을 규합해 당시 나폴리를 점령한 에스파냐의 억압에 맞섰는데, 반란을 일으킨 지 불과 하루 만에 왕위에 올랐다.

명이나 있다. 인디언과 흑인을 부추겨 우리를 파괴한 만행
은 우리의 강력한 저항을 받는 동시에 그들의 배신을 초래
하는 이중 대가를 치를 것이다.

우리의 이성이 신뢰하지 말라고 명하는 사람들, 수많은
구멍들을 통해 상처 입은 우리의 감정이 혐오하라고 가르
치는 사람들과 우호를 논하는 것은 미친 짓이고 어리석은
짓이다. 우리와 그들 사이에 그나마 남아 있던 유사성은
날이 갈수록 줄어들고 있다. 예전보다 불화의 우려가 열
배 이상 증폭되었는데도, 그런 관계가 끝나면 호의가 싹틀
것이라거나, 앞으로 합의가 잘 이루어질 것이라는 희망이
이성적으로 가능한 것일까?

조화와 화해를 말하는 자들이여, 그대들은 지난 과거를
돌이킬 수 있는가? 더럽혀진 몸에 예전의 순수함을 되찾아
줄 수 있는가? 그대들은 영국과 아메리카를 화해시킬 수
없다. 이제 최후의 끈조차 끊겨졌고 영국인들은 우리에게
등을 돌리고 있다. 본성이 용납할 수 없는 피해가 있다. 그
것을 용납한다면 본성은 더 이상 본성일 수 없다. 대륙이
영국의 살인자들을 용서한다면 자신의 연인을 능욕한 자를
용서하는 것이나 다름없다. 신은 우리에게 영원히 삭힐 수
없는 감정과 지혜로운 목적을 심어주었다. 그 감정과 목적
은 우리 가슴속에 있는 신의 이미지를 수호한다. 우리를
비천한 동물 무리와 구별해준다. 우리가 감정의 움직임에
둔감하나면 사회 계약은 사라지고 정의는 지상에서 자취를

감추어 이따금 우연히 모습을 드러내는 데 그칠 것이다. 우리가 우리의 기질에 가해진 손상에 자극을 받아 정의의 길로 나서지 않는다면 강도와 살인자는 징벌도 받지 않고 도망쳐버릴 것이다.

인간을 사랑하는 사람들이여! 독재만이 아니라 독재자를 반대하는 그대들이여, 떨쳐 일어서라! 구세계의 모든 곳은 억압으로 유린되었다. 전 세계에서 자유가 내몰리고 있다. 아시아와 아프리카는 오래전에 자유를 몰아냈고, 유럽은 자유를 이방인으로 간주하며, 영국은 자유에게 떠나라고 경고한다. 오! 그 도망자를 받아들이자. 인류를 위해 자유를 보호하자.

현재
아메리카의 힘에 관한
몇 가지 잡다한 생각

내가 만난 사람들은 하나같이 영국이나 아메리카에서 어차피 나라들의 분리가 이루어질 것이라는 견해를 표명했다. 하지만 대륙이 독립할 시기가 과연 무르익었는지에 관해서는 누구도 영민한 판단력을 보여주지 못했다.

모두가 큰 틀에는 동의하지만 시기에 관해서만 견해가 다르다. 그렇다면 오류를 없애기 위해 전반적인 사태를 조사하고 가능한 한 적절한 시기를 밝혀보기로 한다. 하지만 오래 끌 필요가 없다. 시간이 우리를 발견했기 때문이다. 만물의 전반적인 일치, 웅장한 통합이 증명한다.

우리의 큰 강점은 수가 아니라 통합이다. 하지만 현재 우리의 수로도 전 세계의 무력을 물리치기에 충분하다. 지금 이 시기에 대륙은 잘 훈련되고 무장을 갖춘 세계 최대의 군대를 보유하고 있다. 현재 우리의 힘은 어떤 식민지도 개별적으로는 홀로 설 수 없지만 전체가 뭉치면 사태를 해결하기에 딱 알맞다. 오히려 더 강하거나 더 약하면 나쁜 결과를 초래할지도 모른다. 우리의 지상군은 이미 충분하지만 해군력에 관해서는 신경을 쓰지 않을 수 없다. 영국은 대륙을 장악하고 있는 한 아메리카가 전함을 건조하는 것을 결코 용납하지 않을 것이다. 그러므로 지금부터 100년이 지난다 해도 해군력이 더 나아지지는 않는다. 실은 그보다 더 앞당겨야 한다. 이 나라의 목재가 매일 줄어들고 있어 나중에는 크게 부족해지고 조달하기도 어려울 것이기 때문이다.

만약 현재 상황에서 대륙에 주민들이 더 많다면 견디기 어려운 고통이 따를 것이다. 항구 도시가 더 많다면 그만큼 방어하기가 까다롭고 잃을 항구도 많아진다. 현재 우리가 가진 것은 우리의 필요와 절묘하게 균형을 이루고 있다. 누구도 나태해서는 안 된다. 무역량이 감소하면 육군을 양성해 육군의 필수품으로 새 무역을 창출할 수 있다.

게다가 우리는 채무가 없다. 앞으로 우리가 빚을 진다 해도 그것은 우리의 장점을 빛내주는 영광스러운 기념물이 될 것이다. 후대에게 안정된 정부 형태, 우리 스스로 만든 독립적 제도를 물려줄 수 있다면 아무리 많은 돈이 든다 해도 값싼 비용이다. 그러나 몇 가지 나쁜 법안을 철회하고 현재의 내각을 축출하기 위해 많은 비용을 쓰는 것은 그만한 가치가 없다. 그럴 경우 후손들이 너무 큰 부담을 떠안게 될 뿐 아니라 막중한 책무와 막대한 채무를 짊어지게 될 것이다. 그런 생각은 명예로운 사람이 할 게 아니다. 편협하고 하찮은 정치인들이나 품는 망상이다.

우리가 지게 될 채무는 목표가 달성되면 그다지 걱정할 필요가 없다. 어느 나라나 채무는 있다. 국가 채무는 국채이므로 이자가 없기 때문에 큰 문제가 아니다. 영국은 채무가 1억 4천만 파운드로 치솟아 이자만 400만 파운드를 지불해야 하는 어려운 처지에 놓여 있다. 채무를 보상하기 위해 영국은 방대한 해군력을 거느리고 있다. 영국이 거느릴 수 있는 해군력은 국가 채무의 이십분의 일에 해당한다. 지금 시기에 영국 해군의 가치는 350만 파운드에 불과하다.

이 책자의 초판과 2판에는 다음과 같은 계산 결과가 수록되지 않았는데, 이것을 보면 해군력 평가가 옳다는 것을 알 수 있다. 《엔틱 해군사Entic's naval history》의 서론을 보라.

각 등급의 함선을 건조하고 돛대, 활대, 돛, 삭구를 갖추고 갑판장과 목수의 용품 8개월 치를 마련하는 비용은 해군성 장관 버쳇Burchett이 계산한 바 있다.

포	£
100	35,553
90	29,886
80	23,638
70	17,785
60	14,197
50	10,606
40	7,558
30	5,846
20	3,710

이것으로 영국 해군력 전체의 가치 혹은 비용을 쉽게 계산할 수 있다. 최대 규모를 자랑하던 1757년 당시 영국 해군은 다음과 같은 함선과 포를 갖추었다.

함선	포	척당 비용(£)	총 비용(£)
6	100	35,553	213,318
12	90	29,886	358,632
12	80	23,638	283,656
43	7	17,785	746,755
35	60	14,197	496,895
40	50	10,606	424,240
45	40	7,558	340,110
58	20	3,710	215,180
85	범선, 폭탄, 화공선 등	2,000	170,000
	총 비용		3,266,786
	여분의 포		233,214
	총 합		3,500,000

지구상의 어느 나라도 아메리카처럼 독자적으로 함대를 구축할 수 있는 나라는 없다. 아메리카에서는 타르, 목재, 철, 밧줄의 자체 조달이 가능하다. 물자를 구하러 해외로 나갈 이유가 없다. 네덜란드는 전함을 에스파냐와 포르투갈에 빌려줘 큰 이득을 거두지만, 선박 자재를 거의 다 수입해야 한다. 우리는 함대의 건조를 상업적 견지에서 바라보아야 한다. 이 나라는 천부적인 공장이다. 선박은 우리가 할 수 있는 최고의 투자다. 해군력이 완성되면 비용 이상의 가치가 있다. 해군은 상업과 보호가 통합되는 국가 정책의 최고봉이다. 함대를 구축하자. 함대를 원하지 않을 경우 나중에 팔면 된다. 그러면 우리의 화폐를 금과 은으로 바꿀 수 있다.

　함대 인력에 관해 사람들은 크게 착각하는 경우가 많다. 사실 사분의 일을 선원으로 채울 필요는 없다. 악명 높은 해적 선장인 캡틴 데스Captain Death는 누구보다도 열심히 해전에 참여했으나, 인원 보충은 이백 명을 넘었어도 승선 인원은 스무 명도 되지 않았다. 유능하고 사교적인 선원 몇 명이면 선박에서 작업하는 상당수의 인력을 훈련시킬 수 있다. 그러므로 우리는 지금보다 더 해상 작전을 개시하기 좋은 기회는 얻지 못할 것이다. 목재가 넘쳐나고, 어장이 막혀 있고, 선원과 배목수가 놀고 있는 실정이다. 뉴잉글랜드에서는 이미 40년 전에 70문과 80문의 포를 갖춘 전함이 제작되었는데, 지금 그렇게 못할 이유가 무엇인가? 조선은 아메리카 최대의 자존심이며, 머지않아 아메리카가 전 세계를 능가할 것이다. 동쪽의 대제국들은 대부분 내륙 국가이므로 경쟁 대상이 아니다. 아프리카는 미개한 지역이다. 유럽의 어느 강국도 아메리카의 땅 덩이와 해변에 미치지 못하며, 아메리카만큼 내부 물자 공급 능력을 가지지 못했다. 뭔가를 갖추었으면 다른 것은 결핍되어 있다. 골고루 갖춘 곳은 아메리카밖에 없다. 러시아는 방대한 제국이지만 해안이 거의 없는 탓에 광대한 숲, 타르, 철, 밧줄이 교역품의 구실만 할 뿐이다.

안전을 위한 함대가 필요 없을까? 지금 우리는 60년 전처럼 작은 민족이 아니다. 당시 우리는 거리나 들판의 재산에만 의존했으며, 문과 창문에 자물쇠도 채우지 않고 편안하게 잠들었다. 지금은 사정이 변했다. 우리의 재산이 늘어난 만큼 방어하는 방법도 달라져야 한다. 열두 달 전이라면 하찮은 해적이라 해도 델라웨어까지 올라와 필라델피아 시를 장악하고 얼마든지 갈취할 수 있었다. 다른 곳들도 마찬가지였을 것이다. 14문이나 16문의 포를 갖춘 브리그brig•가 있으면 감히 누구도 대륙 전체를 장악하고 50만 파운드나 되는 돈을 뜯어가지는 못한다. 이처럼 주의가 요구되는 상황에서는 해군력에 의한 보호의 필요성이 더욱 중요하다.

• 쌍돛대 범선_ 옮긴이 주

아마 어떤 사람은 영국과 손잡으면 영국이 우리를 보호해주리라고 말할 것이다. 영국이 우리를 보호하기 위해 우리 항구에 해군을 상주시킬 것이라고 믿을 만큼 어리석은 사람이 있을까? 상식은 우리를 복속시키려 하는 세력이 우리를 방어해줄 리는 만무하다고 말한다. 오히려 우호를 구실로 삼아 우리를 정복하려 들 것이다. 우리는 오랫동안 용감히 저항한 끝에 결국 속아 넘어가 노예로 전락하고 말 것이다. 더구나 영국의 함대가 우리 항구에 들어오지 못한다면 도대체 어떻게 우리를 보호한다는 말인가? 4~5천 킬로미터나 떨어져 있는 해군이 우리에게 무슨 소용인가? 비상시에 어떤 도움을 줄 수 있겠는가? 따라서 앞으로 우리를 보호하는 일은 우리 스스로 해야 하지 않을까? 그 일을 왜 남에게 맡기겠는가?

영국의 전함 명부에는 많은 함선들이 등재되어 있지만 언제라도 가동할 수 있는 함선은 십분의 일도 안 된다. 명부에는 그럴듯하게 올라 있어도 실은 선박의 뱃전만 남은 경우가 허다하다. 그래서 언제, 어느 장소로든 출동할 수 있도록 준비를 갖춘 함선은 오분의 일도 안 된다. 영국은 동인도, 서인도, 지중해, 아프리카 등지로 영토를 확장하기 때문에 늘 방대한 해군력이 필요하다. 마치 우리가 영국 함대 전체를 한꺼번에 상대해야 하는 것처럼 말하곤 하는데 그것은 편견과 부주의로 인한 잘못된 생각이다. 그래서 우리 역시 당장 소용이 없어도 대규모 함대를 보유해야 한다고 생각하는 것이다. 변장한 토리당*은 바로 그런 이유를 들면서 시작하려는 의욕조차 꺾어버리려 한다. 하지만 그보다 더 진실에서 먼 것은 없다. 아메리카의 해군력이 영국의 이십분의 일밖에 안 된다 해도 영국을 상대하기에 충분하다. 우리는 외국 영토를 소유하지도 요구하지도 않으므로 전체 해군력을 우리 해안에 배치할 수 있기 때문이다. 게다가 장기적으로 우리는 영국에 비해 두 배의 이점이 있다. 영국은 우리를 공격하려면 4~5천 킬로미터를 항해해와야 할 뿐 아니라 장비와 병력을 충원할 때도 그만큼의 거리를 되돌아가야 한다. 영국은 함대로 우리와 유럽의 무역을 감시하지만, 우리도 그만큼의 함대로 영국과 서인도의 무역을 감시한다. 그 무역로는 대륙 인근에 위치하므로 전적으로 우리의 수중에 있다.

상시적으로 해군력을 보유할 필요가 없다고 판단된다면 평화 시기에 해군력을 보유하는 방법도 있다. 상인들이 자체 용도로 포 20문, 30문, 40문, 50문을 장착한 함선 50~60척을 건조해 이용하고 호위함 몇 척을 상시적으로 운용하는 것에 대한 보상으로 그들에게 장려금을 준다면 (장려금은 손실되는 양에 비례해 지급한다), 어지간한 해군력을 보유한 것에 맞먹는 효과가 있다. 더구나 영국에서처럼 평화 시기에 함대를 부두에 처박아둠으로써 큰 불만을 초래

---

* 왕당파_ 옮긴이 주

하는 병폐도 없다. 상업과 방어의 힘을 통합하는 것은 훌륭한 정책이다. 우리의 군사력과 부가 서로에게 이득이 되면 외부의 적은 두려워할 필요가 없어진다.

우리는 방어에 필요한 거의 모든 물자가 풍부하다. 대마는 지나칠 만큼 무성해 밧줄을 얼마든지 만들 수 있다. 우리의 철은 다른 나라의 철보다 품질이 우수하다. 총기 또한 세계적인 수준에 올라 있고 대포도 원하는 대로 주조가 가능하다. 초석과 화약은 매일 생산하고 있다. 우리의 지식은 시시각각 발전한다. 결의는 우리의 내재적 특성이며, 용기는 지금까지 우리를 저버린 적이 없었다. 그런데 우리는 무엇을 원하는가? 왜 망설이는가? 영국에서 우리가 얻을 것이라고는 파멸밖에 없다. 영국을 아메리카 정부에 또다시 받아들인다면, 이 대륙은 사람 살 곳이 못 될 것이다. 늘 질시로 얼룩질 것이고, 봉기가 끊이지 않을 것이다. 누가 나서서 진압할 것인가? 누가 자기 동포들을 외국에 복종시키는 데 위험을 무릅쓰겠는가? 펜실베이니아와 코네티컷의 임자 없는 땅을 처리하는 문제를 영국 정부가 대신해줄 수는 없다. 오로지 대륙의 권력만이 대륙의 일을 집행할 수 있다.

지금이 다른 어느 때보다도 좋은 이유는 또 있다. 우리의 수가 적을수록 차지할 수 있는 땅이 넓다. 이 땅을 왕의 하잘것없는 종자들이 낭비해버리는 대신, 우리는 현재의 채무를 해결하는 용도로, 나아가 정부를 항구적으로 부양하는 용도로 이용할 수 있다. 하늘 아래 어느 나라도 이만큼 혜택을 받은 곳은 없다.

식민지의 초기 상태는 독립을 반대하기보다 지지하는 논거가 된다. 우리는 수적으로 알맞다. 우리의 수가 더 많다면 단결하기가 어렵다. 국민의 수가 많을수록 군대의 수는 적다는 점에 주목할 필요가 있다. 군대 규모에서 고대인들은 현대인들을 훨씬 능가했다. 명백히 무역의 규모가 작았기 때문이다. 무역은 인구의 결과물이므로 많은 인력이 무역에 투입되면 다른 일을 돌볼 수 없게 된다. 상업은 애국심과 군사적 방어력을 위축시킨다. 역사가 잘 보여주듯이, 가장 화려한 업적은 언제나 국가 발달의 초기에 이루어진다. 상업이 발달함에 따라 영국은 그런 정신을 잃었다. 런던은 수많은 국민을 보유하고 있으나 갈수록 겁쟁이만 많아졌다. 잃을 게 많은 사람일수록 모험 의지는 적어진다. 부자는 대체로 두려움에 약하고, 아첨꾼의 입에 발린 말에만 귀를 기울이게 마련이다.

젊은 시절은 국가적으로나 개인적으로나 좋은 습관을 들여야 하는 시기다. 지금부터 50년 이내에 대륙을 하나의 정부로 통합하는 것은 불가능하지는 않아도 어려운 일이다. 무역량과 인구가 늘어남에 따라 다양한 이해관계가 혼동을 야기할 것이다. 식민지들끼리 등을 돌릴지도 모른다. 능력 있는 식민지들은 서로 돕자는 제안을 비웃을 수도 있다. 사소한 차이를 둘러싼 자만과 어리석음이 횡행하는 것을 보고 현명한 사람들은 진작 연방을 이루지 못했음을 한탄할 것이다. 그러므로 바로 현재야말로 연방을 이룰 수 있는 절호의 기회다. 유아기에 싹튼 친교, 어려울 때 생겨난 우호가 더욱 오래가고 굳건한 법이다. 현재 우리의 연방은 그런 특징이 있다. 우리는 젊고 고통을 겪었다. 그러나 우리의 화합은 고난을 견뎌냈으며, 후대에 자랑할 만한 시대를 열어갈 것이다.

게다가 지금은 특별한 시기다. 즉 한 나라에 한 번밖에 없는 정부 형성의 시기다. 대다수 나라들은 그 기회를 놓치고, 스스로 법을 제정하기보다 정복자로부터 법을 강제로 받는다. 원래는 왕이 있었던 나라에 정부가 탄생했다. 먼저 정부의 규약과 선언이 만들어진 뒤 대표자들이 선정되어 집행하는 식이었다. 우리는 다른 나라들의 잘못에서 지혜를 배워야 한다. 현재의 기회를 잘 포착해 올바른 목적으로 정부를 시작해야 한다.

영국을 정복한 윌리엄은 칼을 앞세워 법을 강요했다. 우리의 경우도 아메리카의 정식 정부를 합법적으로 구성한다는 동의가 이루어질 때까지 요행을 노리는 불한당들이 정부를 차지할 위험이 언제나 있을 것이다. 만약 그들이 성공을 거둔다면 우리의 자유는 어떻게 될까? 우리의 재산은 어떻게 될까?

나는 종교가 정부의 필수적 의무라고 생각한다. 모든 신앙의 고백을 보호하는 것은 정부가 해야 할 시급한 일이다. 편협한 태도와 이기적인 원칙을 버리자. 신앙에 관해 옹졸한 마음을 가진 사람은 두려움을 표명할 것이다. 의심은 비열한 정신과 짝을 이루며, 모든 선한 사회의 해악이다. 나는 신앙과 양심을 걸고, 종교적 견해의 다양성이 필요하다는 것이 바로 신의 뜻이라고 확신한다. 그런 태도는 그리스도교적 포용성의 넓은 마당을 열어준다. 우리 모두가 이 생각에 동의한다면, 그것을 제도화한 다음 시간을 두고 지켜보자. 이와 같은 관용의 원칙을 취할 경우, 내가 보기에 여러 종파는 마치 같은 가정의 여러 아이들처럼 서로 이름만 다를 뿐이다.

앞에서 나는 대륙헌장의 타당성에 관해 몇 가지 생각을 개진한 바 있다(그것은 제안일 뿐 계획은 아니다). 여기서 나는 그 주제를 더 자유롭게 논하고자 한다. 헌장은 엄숙한 의무의 약속으로 이해해야 한다. 또한 헌장은 전체를 포괄하면서도 종교, 개인적 자유, 재산과 무관하게 각 부분의 권리를 뒷받침한다. 확고한 계약과 올바른 계산은 돈독한 친구 관계를 만든다.

앞에서 나는 대규모의 평등한 대의 제도가 필요하다는 점을 역설한 바 있다. 그것보다 더 관심을 기울여야 할 정치 문제는 없다. 유권자와 대의원의 수가 적으면 위험하다. 대의원이 수도 적고 불평등할 경우 위험은 배가된다. 그 점을 입증하는 사례가 있다. 펜실베이니아 주의회에 의원들의 탄원이 제출되었을 때다. 참석자는 스물여덟 명밖에 안 되었는데, 벅스 군 출신 의원들은 여덟 명 전원이 반대했고, 체스터 군 소속 일곱 의원들도 반대표를 던졌다. 주 전체를 두 개의 군이 지배하는 상태였다. 이런 위험은 늘 있다. 이렇게 부당한 사태는 의회가 마지막 회기를 맞아 해당 주의 대표단에 과도한 권위를 행사하려 할 때 빚어졌다. 이런 일을 통해 국민들은 그들의 수중에 권력이 위탁될 때의 문제점이 무엇인지 알 수 있다. 대표단의 행동 지침은 상식적으로 보나 업무적으로 보나 어린아이조차 부끄러워할 정도였다. 소수, 그것도 극소수가 동의한 사항이 의회로 옮겨진 뒤 식민지 전체를 대신해 통과되는 것이다. 의회가 필수적인 공공 사안을 나쁜 의도로 처리한다는 것을 식민지 전체가 알게 되면 모두들 그따위 권력의 위탁은 필요가 없다고 여길 것이다.

많은 일들이 즉각적인 필요성과 편의에 따라 처리되는 관행이 오래 지속되면 억압으로 바뀐다. 경험과 정당성은 다르다. 아메리카의 재난을 극복하려면 협의가 필요하나, 이를 위해 몇 개 주의회에서 인물을 발탁하는 문제에 관해서는 준비된 방법도 없고 적절한 시기도 없었다. 그래도 그들은 지혜롭게 일을 처리해 이 대륙을 파멸로부터 구해냈다. 하지만 이제 대륙 회의가 없으면 안 되는 시점에 이르렀으므로 안정된 질서를 바라는 모든 사람들은 대륙 회의의 의원을 선출하는 방식을 고려해야 한다. 나는 인간을 연구하는 사람들에게 묻고 싶다. 대의제와 선거는 인간이 감당하기에 너무 큰 권력이 아닌가? 후대를 위해 계획을 수립할 때 그 제도의 장점이 세습적이지 않다는 것을 명심해야 한다.

흔히 적에게서 훌륭한 가르침을 받는 경우가 있다. 적이 저지른 실수가 우리의 이성을 일깨워주는 것이다. 재무장관 콘월Cornwall은 뉴욕 의회의 청원을 무시해버렸다. 의회의 의원 수는 스물여섯 명밖에 안 되므로 전체 의견을 제대로 대표할 수 없다는 게 그의 주장이었다. 우리는 그가 본의 아니게 솔직한 견해를 표명해준 것에 감사하는 바이다. •

결론은 이렇다. 어떤 이에게는 매우 낯설고 선뜻 받아들이기 어렵겠지만, 강력하고도 뚜렷한 근거에 따르면 공개적이고 단호한 독립선언만큼 우리의 문제를 신속하게 해결할 수 있는 방책은 없다. 몇 가지 예를 들어보자.

첫째, 두 나라가 서로 전쟁을 벌일 때, 다른 강국들은 분쟁에 개입하지 않고 중재 역할을 맡으면서 훗날의 평화를 준비하는 게 관례다. 그러나 아메리카가 영국에 예속되어 있는 동안 어떤 강국도 중재하려 들지 않았다. 그러므로 현재 상태로 보면 우리는 영원히 분쟁을 지속하게 될 수도 있다.

둘째, 우리가 만약 프랑스나 에스파냐의 지원을 받아 불화를 해소하고 영국과 아메리카의 연관을 강화하려 한다

• 대규모의 평등한 대표단이 국가에 얼마나 중요한지 잘 알고 싶은 사람은 버그 Burgh의 정치 논문을 읽어보라.

면, 두 나라는 일체의 지원도 하지 않으려 할 것이다. 자칫 앞에 나설 경우 피해를 보게 되기 때문이다.

셋째, 우리가 영국의 신민으로 인정한다면, 외국이 보기에 우리는 반란 세력으로 간주될 것이다. 신민의 이름으로 무장하는 것은 평화를 해칠 수 있다고 보는 것이다. 우리는 즉각 그 역설을 해소할 수 있다. 하지만 저항과 예속을 통합하려면 세련된 발상이 필요하므로 상식적인 이해를 구하기 어려울 것이다.

넷째, 우리가 독립선언을 발표하고, 외국 궁정에 선언문을 전달하고, 지금까지 견뎌온 고통과 사태를 바로잡기 위해 사용했으나 신통할 것이 없던 방책을 설명하고, 영국 궁정의 잔인한 치하에서는 더 이상 행복하고 안전하게 살아갈 수 없다고 선언한다고 하자. 그러면 우리는 영국과의 연관을 단절할 수밖에 없지만, 그와 동시에 모든 외국 궁정에 우리의 평화로운 의사와 무역의 의도를 전할 수 있게 된다. 그렇게 되면 탄원서만 잔뜩 실은 배를 영국으로 보내는 것보다 이 대륙에 더 나은 결과를 가져올 것이다.

현재 영국의 치하에서 우리는 해외의 소식을 접하지 못하고 있다. 모든 의회의 관례는 우리와 반대된다. 이런 상황은 우리가 독립을 이뤄 다른 나라들과 어깨를 나란히 하기 전까지 지속될 것이다.

그러한 사태의 변화는 언뜻 낯설고 까다로워 보인다. 하지만 우리가 이미 지나온 다른 단계들이 그렇듯이 얼마 지나지 않아 낯익고 즐겁게 여겨질 것이다. 독립을 선언하기 전까지 대륙은 매일 불쾌한 일에 시달릴 테고, 뭔가 조치를 취해야 한다고 생각하면서도 선뜻 그렇게 하지 못하는 찜찜한 기분에서 벗어나지 못할 것이다. 이런 상태가 끝나기를 바라면서 늘 끝내야 한다는 생각에 사로잡혀 지낼 것이다.

부록

이 책자의 초판이 발간된 이후, 실은 책자가 처음 발간된 날, 이 도시에 ---*의 연설이 등장했다. 예언의 정신이 이 책자를 낳았다고 보면, 이보다 더 적절한 맥락, 이보다 더 필요한 시기도 없을 것이다. 한 측에서 공격적인 태도로 나오면 다른 측에서는 당연히 대응책을 마련하게 된다. 사람들은 그 연설을 보복으로 해석했다. 사람들에게 겁을 주기는커녕 독립 원칙이 당당히 나아갈 길을 닦았다.

연설은 물론 침묵이라 해도 어떤 동기에서 나왔든 간에 비열하고 사악한 행위를 조금이라도 지지한다면 해로운 영향을 미친다. 이 교훈을 받아들인다면 여기서 도출되는 결론은 당연하다. ---의 연설은 악랄함의 극치로 의회와 국민들에게서 두루 거센 비난을 받아 마땅했고 지금도 마찬가지다. 하지만 한 나라의 안정은 이른바 국내 사태의 순화에 크게 좌우되므로, 어떤 사안에 관해서는 우리의 평화와 안전을 수호하기 위해 무리하게 새로운 방법

---

* 지끼끼 이금을 밝히시 않아 누군지 알 수 없으나 왕당파의 인물임이 분명하다_ 옮긴이 주

을 구사하다가 변변찮은 혁신만 도입하고 반감을 사기보다는 조용한 경멸로 넘겨버리는 편이 낫다. 지금까지 없었던 ---의 연설이 공적으로 표출된 것은 주로 그런 신중한 섬세함 덕분이다. 그것을 연설이라고 부를 수 있다면 연설은 진리, 공동의 선, 인류의 생존을 고집스럽고 무례하게 비방한 것에 불과하다. 오만한 독재자에게 성대한 제례를 올리며 인신제물을 바치는 격이다. 하지만 이 대대적인 인간 학살은 일종의 특권이며, 왕정의 확실한 결과다. 자연은 왕들을 알지 못하고, 왕들은 자연을 알지 못한다. 그들은 비록 우리가 스스로 만들었으나 우리를 알지 못하고 그들을 만든 사람들의 신이 되었다. 그 연설은 한 가지 좋은 점이 있다. 우리를 속이려는 의도도 없고, 우리 또한 일부러 속으려 해도 속을 수 없다. 겉으로 야만과 포학을 드러내며, 우리에게 명확한 의미를 전한다. 글로 읽어도 구절마다 설득력이 넘친다. 사냥하러 숲으로 가는 그를 생각하면, 벌거벗은 인디언도 영국의 왕보다는 덜 야만적이다.

《아메리카 주민들에게 전하는 영국 국민들의 말The Address of the people of England to the inhabitants of America》이라는 터무니없는 제목의 책을 쓴 예수회 문헌의 저자라고 전해지는 J-n D-e● 경은 아마 이곳 사람들에게 왕이 진짜 어떤 인물인지 알려주면 (왕의 입장에서는 매우 바보 같은 짓이

● 저자가 이렇게 표기했다_ 옮긴이 주

지만) 왕의 위세와 면면에 겁을 집어먹으리라고 여긴 듯하다. 저자는 이렇게 말한다. "누가 행정부에 아첨하고 싶다해도 굳이 말리지 않겠지만(인지세법을 철회할 때 로킹엄 후작의 아첨을 가리킨다) 군주에게 아첨하지 않는다면 큰 잘못이다. 그가 고개를 끄덕여야만 어떤 일이든 할 수 있기 때문이다." 이것은 명명백백한 왕당주의다! 후안무치한 우상숭배다. 이런 주장을 듣고도 참을 수 있는 사람은 이성에따른다고 볼 수 없다. 즉 인간의 도리에 등을 돌린 사람이다. 인간으로서의 품위마저 포기하고 동물의 차원으로 전락한, 벌레처럼 비천하게 세상을 기어 다니는 존재라고 볼수 있다.

하지만 영국의 왕이 뭐라고 말하든, 어떻게 행동하든 이제 중요치 않다. 그는 일체의 도덕적·인간적 의무를 거칠게 부숴버렸고 본성과 양심을 무참히 짓밟아버렸다. 그 결과 그는 오만과 잔학의 일관된 기질로 보편적 증오를 샀다. 이제 아메리카는 스스로 이익을 찾아야 한다. 아메리카는 이미 젊은 대가족이 되었다. 아메리카의 의무는 자기재산을 퍼주기보다 보호하고, 인간과 그리스도교도의 이름에 먹칠을 하는 세력에 반대하는 것이다. 그대들은 종파따위와 무관하게 국가의 도덕을 수호해야 한다. 공공의 자유를 철저히 옹호해야 한다. 조국이 유럽의 타락에 물들지않도록 하고 싶다면, 비밀리에 분리를 기원해야 한다. 하지만 도덕은 개인적 성찰에 맡겨두기로 하고, 나는 다음과 같이 더 장기적인 견해를 제시하고 싶다.

첫째, 아메리카의 이익은 영국에서 분리되는 것이다.

둘째, 흔히 하는 이야기지만 화해와 독립 가운데 어느 것이 더 쉽고 현실적인 계획인가?

첫째 논거를 뒷받침하기 위해 나는 이 대륙에서 가장 유능하고 경험이 풍부한 사람들의 견해를 제시하고 싶다. 그 문제에 관한 그들의 생각은 아직 공식적으로 알려지지 않았으나 알고 보면 자명하다. 외국에 종속되고, 상업이 제한되고, 입법권이 제약되고 속박된 나라는 실질적인 발전이 불가능하다. 아메리카는 아직 풍요가 무엇인지 알지 못한다. 그간 이룩한 발전만 해도 다른 나라의 역사에서 볼 수 없었던 수준이지만, 입법권을 장악했을 경우 앞으로 이룰 수 있는 성과에 비교하면 아메리카는 아직 유년기에 불과하다. 그런데 지금 영국은 설령 손에 넣는다 해도 자신에게 아무런 이득도 되지 않는 것을 갈망하고 있다. 또한 대륙은 등한시할 경우 파멸을 부를 사안을 두고 망설이고 있다. 영국에 이득이 되는 것은 상업이지 아메리카의 정복이 아니다. 두 나라가 프랑스와 에스파냐처럼 서로 독립적인 관계가 되면 상업이 지속적으로 번영할 것이다. 여러 가지 품목에서 양측 모두 더 나은 시장을 찾을 수는 없다. 영국이나 다른 나라에게 현재 유일한 주요 쟁점은 바로 아메리카의 독립이다. 필요에 의해 발견된 다른 모든 진리들처럼 그 점은 날이 갈수록 명확해지고 강력해질 것이다.

1775년에 발생한 렉싱턴 전투는 영국군과 아메리카 민병대가 싸웠던 최초의 전투로 미국 독립혁명의 도화선이 되었다.

그 이유는 두 가지다.

첫째, 언젠가는 독립이 실현된다.

둘째, 독립은 지연될수록 더욱 이루기 어려워진다.

나는 공석에서나 사석에서나 생각 없이 말하는 사람들의 많은 잘못을 발견할 때마다 혼자 웃곤 했다. 가장 흔한 발언은 이 불화가 지금이 아니라 앞으로 40~50년 뒤에 일어난다면 대륙은 종속을 떨쳐낼 수 있는 충분한 힘을 갖게 되리라는 것이었다. 이런 주장에 대해 내 대답은 이렇다. 지금이 시기 우리의 군사력은 지난 전쟁에서 얻은 경험을 바탕으로 상승하는 중이지만 앞으로 40~50년이 지나면 완전히 사라져버릴 것이다. 그때가 되면 대륙에는 장군도 없을 테고 장교조차 남지 않을 것이다. 우리, 혹은 우리를 계승할 후손들은 고대 인디언들처럼 군사 문제에 무지할 것이다. 면밀히 살펴보면 우리가 처한 특수한 입장은 현재가 어느 때보다도 유리한 시기라는 것을 명백히 증명한다. 따라서 이렇게 볼 수 있다. 지난 전쟁이 끝났을 무렵 우리는 경험을 얻었지만 수적인 면에서 충분치 않았다. 앞으로 40~50년 뒤가 되면 우리는 반대로 수적인 면에서 충분하지만 경험이 없는 상태가 된다. 그러므로 최적기는 두 극단 사이의 특정한 시점이어야 한다. 경험이 남아 있는 상태에서 적절한 수적 증대가 이루어지는 시점, 그때가 바로 지금이다.

잠시 본론에서 이탈했으나 독자들은 이해해주리라 믿는다. 이제 다시 주제로 돌아가자.

만약 사태가 봉합되어 영국과 또다시 연관되고, 영국이 계속 아메리카를 지배하고 종주권을 행사한다면 (즉 현재의 상황에서 논점을 완전히 포기해버린다면), 우리는 채무의 부담을 완화할 수 있는 수단을 잃게 된다. 이미 몇 개 주들에 속한 오지의 토지가 캐나다 경계선의 부당한 확장으로 인해 은근슬쩍 빼앗겼다. 가격은 100에이커 당 겨우 5파운드였으므로 펜실베이니아 화폐로 도합 2500만 파운드에 해당한다. 1에이커 당 1페니에 팔려나간 면역지대*의 금액만도 매년 200만 파운드에 달한다.

이 토지들을 제 값에 팔면 아무에게도 부담을 주지 않고 채무를 완화할 수 있다. 또한 면역지대도 그대로 유지되어 정부의 연간 경비를 줄일 수 있을 뿐 아니라 나중에는 전액 충당할 수도 있을 것이다. 채무 이행을 굳이 단기간에 할 필요는 없다. 토지가 팔린 대금이 채무 이용에 투입되면 된다. 그 기간 동안 대륙 전체에서 수탁자의 역할은 대륙 회의가 맡기로 한다.

이제 두 번째 주제로 넘어가자. 화해와 독립 가운데 어느 것이 더 쉽고 현실적인 계획인가?

본성을 바탕으로 사고하는 사람은 논쟁에서 쉽게 밀리지 않는다. 그런 의미에서 나는 다음과 같이 일반적으로 대답한다. 독립은 우리 안에 들어 있는 확고하고 단순한 노선

---

* 봉건시대에 부역 대신 납부한 토지_ 옮긴이 주

이며, 화해는 대단히 까다롭고 복잡한 사안이지만 믿을 수 없고 변덕스러운 궁정이 개입하면 명확한 답을 준다.

아메리카의 현재 상태는 성찰할 줄 아는 모든 사람들에게 큰 불안을 안겨준다. 특권에 뿌리를 두고 특권이 부여하는 것 이외에는 어떤 법도, 정부도, 권력 형태도 없다. 유례없는 감정의 일치로 대동단결했지만, 그 감정은 변할 수 있고 적들은 모든 비밀을 풀어내려 애쓰고 있다. 우리의 현재 상황은 법이 없는 입법, 계획 없는 지혜, 명칭 없는 제도, 그리고 놀랍게도 종속을 내세우는 완벽한 독립이다. 전례 없는 상황, 일찍이 없었던 현상이다. 누가 어떤 사태라고 규정할 수 있겠는가? 지금 같은 방만한 체제에서는 누구의 재산도 안전하지 않다. 많은 사람들이 혼란에 빠진다. 확실한 게 아무것도 없다는 생각에 망상과 같은 견해에 사로잡힌다. 드러나는 죄행은 없다. 반역 같은 것도 일어나지 않는다. 그런 탓에 모두들 각자 마음대로 행동할 수 있다고 생각한다. 토리당은 적극적으로 세를 규합할 경우 국법에 의해 목숨을 잃는다는 것을 알았기에 감히 나서지 못했다. 전쟁에서 사로잡힌 영국군 병사와 무장하고 일어났다가 패배한 아메리카 주민은 구분할 필요가 있다. 전자는 포로지만 후자는 반역자다. 전자는 자유를 잃는 데 반해 후자는 목숨을 잃는다.

우리가 아무리 지혜롭게 처신한다 해도 우리의 행동에는 불화를 조장하는 취약한 측면이 드러난다. 대륙의 허리

띠는 아직 버클을 죌 만큼 졸라매지 못했다. 제때에 뭔가 하지 않는다면 나중에는 무슨 일을 하기에 늦어버릴 것이다. 화해도, 독립도 불가능한 상황에 처할 것이다. 왕과 쓸모없는 추종자들은 대륙을 분할하는 해묵은 전술을 구사하고 있는데, 그것은 우리가 원하는 바가 아니다. 출판업자들은 그럴듯한 거짓말들을 부지런히 찍어댈 것이다. 몇 달 전 뉴욕의 두 신문에 실렸고 나중에는 다른 두 신문에도 게재된 교활하고 위선적인 서신은 분별력이나 정직함을 바라는 사람들이 있다는 증거다.

방구석에 들어가 화해를 이야기하기는 쉽다. 하지만 그렇게 말하는 사람들은 대륙이 분열될 경우 화해가 얼마나 어렵고 위험할지 생각해보았을까? 자신의 처지만이 아니라 다양한 사람들의 상황과 사정을 고려해야 한다는 것을 알고 있을까? 입장을 바꿔 이미 모든 일을 겪은 사람, 조국을 수호하기 위해 모든 것을 버린 병사의 처지에서 생각해보았을까? 만약 그들의 소심한 태도가 남들을 고려하지 않고 오로지 자기 개인의 상황에서만 나온 것이라면, 결국 향후의 사태는 "그들이 알맹이를 빠뜨리고 행동했다"는 점을 납득시켜줄 것이다.

63년●의 상황으로 돌아가자고 말하는 사람들도 있다. 하지만 지금으로서는 영국도 그 요구에 따를 능력이 없고

● 프렌치-인디언 전쟁이 끝난 1763년을 가리킨다_ 옮긴이 주

그렇게 제안하지도 않을 것이다. 설령 그것이 가능하다 해도 합당한 질문을 제기할 수 있다. 그렇게 부패하고 믿을 수 없는 궁정이 어떤 방책으로 약속을 지키겠는가? 다른 의회가 들어서면 지금 당장이라도 무리하게 그리고 무분별하게 약속이 이루어졌다는 구실을 대며 책임을 방기할지도 모른다. 그럴 경우 우리는 어디서 배상을 받을 것인가? 나라들 간의 문제를 법으로 해결할 수는 없다. 대포가 왕실을 대변하며, 정의의 칼이 아니라 전쟁의 칼이 소송을 판결한다. 63년의 상황으로 돌아가려면 법만 들이대는 것으로는 충분치 않고 우리의 상황도 같아야 한다. 불타고 파괴된 도시들이 보수되거나 재건되어야 하고, 개인적 손실이 보상되어야 하고, 방어 때문에 지게 된 공적 채무가 변제되어야 한다. 그렇지 않으면 그 부러워하는 시절보다 백만 배는 더 나빠질 것이다. 1년 전에 그런 요구가 제기되었다면 대륙의 마음과 영혼을 얻었을 테지만 지금은 너무 늦었다.

루비콘 강을 건넜다.

게다가 단지 돈에 관한 법을 폐지하기 위해 무기를 드는 것은 신성한 법으로 정당화할 수 없으며, 그 법을 수호하기 위해 무기를 드는 것만큼이나 인간의 감정에 거슬린다. 두 경우 모두 목적이 방법과 수단을 정당화하지 못한다. 귀중한 인명을 그런 사소한 일로 버릴 수는 없기 때문이다. 우리 주민들에게 폭력이 가해지고, 군대가 우리 재산을 파괴하고, 불과 칼이 우리나라를 침략한다. 이것이 무기의 사용을 정당화하는 경우다. 그런 방어 방식이 필요해지는 순간 영국에 복종하는 태도는 전면 중단되어야 한다. 아메리카의 독립은 영국을 향해 첫 총성이 발사된 순간부터 고려되어야 했다. 이것이 일관된 노선이다. 변덕에 이끌린 것도 아니고, 야망에서 솟아나온 것도 아니다. 식민지가 만들어내지 않은 사건들의 연쇄에서 비롯된 것일 따름이다.

글을 마치면서 시의적절하고 충심 어린 몇 가지 조언을 제시하고자 한다. 향후 독립을 달성하는 방도는 세 가지다. 셋 중 하나가 장차 아메리카의 운명이 될 것이다. 독립은 대륙 회의를 통한 국민의 합법적 발언, 혹은 군사력, 혹은 폭도에 의해 이루어질 것이다. 우리 병사들이 항상 현명하게 행동하는 시민일 수만은 없다. 앞서 말한 것처럼 우리 제도의 미덕은 세습적이지 않고 항구적이지도 않다는 점이다. 만약 독립이 첫 번째 수단으로 달성된다면, 우리는 세상에서 가장 고귀하고 순수한 제도를 만들어낼 수 있는 좋은 기회와 조건을 가지게 된다. 우리는 세상을 다시 시작할 능력이 있다. 노아의 방주 이후 현재까지 이런 상황은 일찍이 없었다. 신세계의 탄생이 눈앞에 있다. 유럽의 전 인구에 맞먹는 인구가 불과 몇 달 동안에 자기 몫의 자유를 누릴 시점에 있다. 생각만 해도 가슴이 벅차다. 이렇게 볼 때, 둔하고 사리사욕에 빠진 사람들의 그 하찮고 보잘것없는 욕심은 세계적인 대역사에 비해 얼마나 사소하고 시시한가?

우리가 지금과 같은 아주 좋은 시기를 놓치고 나중에 다른 방식으로 독립이 달성된다면, 그 결과는 우리가 책임져야 한다. 또한 편견에 사로잡혀 탐구하거나 성찰하지 않으면서 습관적으로 독립에 반대하는 사람들에게도 책임이 있다. 독립을 지지하는 데는 몇 가지 이유가 있다. 이에 관해서는 공개적으로 말하기보다 혼자서 찬찬히 생각해보는 편이 좋다. 우리는 이제 독립이 될 것인지 안 될 것인지를 따질 게 아니라 어떻게 하면 튼튼하고 안전하고 명예로운 토대에서 독립을 달성할지를 토론해야 한다. 하지만 아직 그런 논의는 시작되지도 않았기에 걱정스러운 마음이다. 우리는 날이 갈수록 독립의 필요성을 확신한다. 심지어 토리당조차도(아직 우리 중에 토리당이 남아 있다면) 독립을 절실히 갈망할 것이다. 그들은 처음에 위원회를 임명함으로써 대중의 격노를 피했듯이, 지혜롭고 굳건한 정부가 들어서는 것만이 유일하고 확고한 안전책이기 때문이다. 어차피 그들에게는 휘그당•에 견줄 만한 힘이 없으므로 신중한 태도로 독립을 바랄 수밖에 없는 처지다.

요컨대 독립은 우리를 단결하게 하는 유일한 요소다. 독립을 이루어야 우리의 목표를 보게 되고, 음험한 음모

• 자유당_ 옮긴이 주

와 잔인한 적에게 합법적으로 등을 돌릴 수 있게 된다. 또한 독립을 이루어야만 우리는 적절한 발판을 딛고서 영국과 상대할 수 있다. 영국 궁정은 아메리카의 주들과 강화를 맺어야 한다는 것보다 '반역의 무리'라고 부르던 세력과 화해해야 한다는 것 때문에 자존심에 큰 상처를 입을 것이다. 우리가 그 일을 늦추면 영국의 정복욕을 부채질하고, 전쟁을 더 오래 끌게 할 따름이다. 지금까지 우리의 불만 사항을 시정하기 위해 무역을 억제했으나 실질적인 이득이 없었다. 이제는 다른 방식을 시도해보자. 우리가 독자적으로 불만 사항을 시정한 다음 무역을 재개하자고 제안하는 것이다. 영국에게는 아직 우리가 적합한 거래 상대다. 무역이 따르는 평화는 무역이 중단된 전쟁보다 낫기 때문이다. 만약 이 제안이 수락되지 않는다면 다른 방도를 생각해볼 수 있을 것이다.

이런 근거에서 나는 문제를 매듭짓고자 한다. 이 책자의 지난 판본들에서 제기된 주장에 대해 아직 반박이 없다는 것은 그 주장을 반박할 수 없거나 지지자들이 너무 많아 반대하기 어렵다는 것을 말해주는 소극적 증거다. 그러므로 의혹에 찬 눈초리로 서로를 마주보기보다 이웃에게 충심 어린 우호의 손길을 내밀자. 과거의 모든 불화는 망각 속에 묻어버리고 단결을 이루자. 휘그당과 토리당이라는 이름들을 없애버리고, 다른 어떤 이름도 우리 안에 있지 못하도록 만들자. 오로지 선량한 시민, 당당하고 굳센

친구라는 이름으로, 인간의 권리와 아메리카 주들의 자유와 독립을 지지하는 고결한 행동에 나서자.

퀘이커라고 불리는 종교 단체의 대표들에게, 혹은 최근 〈왕과 정부, 그리고 현재 아메리카의 여러 지역에 만연한 소요에 관해 퀘이커라고 개칭한 사람들이 내세우는 전통적 선언과 원칙〉이라는 글의 발표와 관련된 사람들에게.

이 글의 저자는 어떤 종파를 조소하거나 트집을 잡음으로써 종교를 더럽힌 적이 없는 소수에 속하는 사람이다. 종교 문제에 관해 인간이 책임져야 할 대상은 인간이 아니라 신이다. 그러므로 이 서한은 그대들을 종교인으로서가 아니라 정치인으로서 간주하며, 그대들이 침묵의 원칙을 표방하면서 간섭하려 하지 않는 사안을 다루고 있다.

그대들은 마땅한 권한도 없이 퀘이커교도 전체를 대변하는 듯한 자세를 취하고 있다. 따라서 저자는 그대들과 동등한 위상을 점하기 위해 그대들의 선언과 상충하는 글과 원칙을 받아들이는 모든 사람들을 대변해야 한다. 그가 그런 특이한 자세를 취했기 때문에 그대들은 스스로에게서 찾아볼 수 없는 특성을 그에게서 발견할 수 있을 것이다. 그나 그대들이나 정치적 대표라고 자처할 수는 없다.

올바른 길에서 벗어나면 넘어지거나 쓰러지는 게 당연하다. 이 점은 그대들이 종교인으로서 정치는 갈 길이 아니라는 그대들의 선언을 어떻게 여기는지 살펴보면 명확히 드러난다. 아무리 그럴듯해 보여도 선과 악이 뒤섞이게 되고 거기서 나오는 결론은 부자연스럽고 불공정하다.

우리는 앞의 두 쪽(전체도 네 쪽밖에 되지 않지만)이 그대들의 작품이라고 믿으며, 그대들에게 정중한 태도를 기대한다. 평화를 사랑하고 바라는 마음은 퀘이커교에만 있는 게 아니기 때문이다. 그것은 모든 종파의 교도들이 가진 종교적 소망처럼 자연스러운 것이다. 이런 입장에서 우리 자신의 독립적인 제도를 수립하려 애쓸 때 어느 누구보다도 절실하게 우리의 희망, 목적, 목표를 바란다. 우리의 계획은 영원한 평화다. 우리는 영국과의 다툼에 지쳤다. 끝이 없는 싸움이지만 목적은 최종 분리다. 우리는 항구적이고 지속적인 평화를 안착시키기 위해 험하고 힘든 현재를 견뎌낸다. 지금까지 우리의 땅을 피로 물들인 연관을 분리하고 제거하기 위해 노력하고 있으며, 앞으로도 끊임없이 노력할 것이다. 그 연관은 흔적만 남아도 장차 두 나라는 치명적인 피해를 입게 될 것이다.

우리가 싸우는 이유는 보복이나 정복 때문도 아니고 자존심이나 열망 때문도 아니다. 우리의 함대와 군대로 세계를 욕보이고 유린하고 약탈할 생각은 없다. 우리의 포도나무 그늘 아래에서 우리가 공격을 받았고, 우리의 집과 땅에서 우리를 상대로 폭력이 자행되었다. 우리의 적은 산적과 강도 같은 자들이다. 민법으로 우리 자신을 방어할 수 없기에 군사력으로 그들을 응징해야 한다. 그대들이 지금까지 고삐를 죄어 해결하려 했던 사안에 관해 우리는 칼을 사용한다. 그대들은 아직 대륙 전역에서 몰락하고 피해를 입은 사람들에 대해 우리처럼 사무치는 연민을 느끼지 못하는 듯하다. 하지만 그대들의 잘못이 선언의 원인과 배경인 것은 아니다. 영혼의 냉담함에 의지하지 말라. 독선을 그리스도교로 착각하지 말라.

그대들은 그대들이 승인한 원칙을 편파적으로 집행하고 있다. 무기를 드는 것이 죄악이라면 전쟁을 벌이는 것은 더 큰 죄악일 것이다. 하지만 의도적인 공격과 불가피한 방어는 다르다. 그러므로 그대들이 정말 양심적으로 설교한다면, 즉 그대들의 종교를 정치적 장난감으로 만들려는 생각이 없다면, 그대들의 주장을 우리의 적들에게 선포해 세상을 설득하라. 그들 역시 무기를 들고 있으니까. 세인트제임스에서 그것을 발표해 성의의 증거를 보여라. 보스턴의 주요 지휘관들에게, 우리의 해안을 노략질하는 제독과 선장들에게, 그대들이 섬긴다고 표방하는 왕의 휘하에서 활동하는 모든 악당들에게 선포하라. 바클리Barclay•와 같은 정직한 영혼을 가졌다면 그대들은 그대들의 왕에게 회개하라고 권할 것이다. 왕에게 그의 죄를 말해주고, 영원한 파멸을 경고할 것이다. 다치고 상처 입은 자에게만 편파적인 욕설을 가할 게 아니라 충직한 하인처럼 크게 외치고 누구도 예외로 하지 않을 것이다. 박해를 받는다고 말하지 말라. 우리에게 그런 비난을 꾸며내게 하지 말라. 그대들이 자초한 일이고, 우리는 온 세상에 증언할 따름이다. 우리가 그대들에게 항의하는 이유는 그대들이 퀘이커교도이기 때문이 아니라 그런 척만 할 뿐 실제로는 아니기 때문이다.

안타깝도다! 그대들의 선언과 행위에서 드러난 특정한 성향으로 미루어보면, 그대들이 생각하는 죄란 백성들이 무기를 드는 행위만을 가리키는 것처럼 여겨진다. 우리가 보기에 그대들은 양심을 잘못 이해하는 듯하다. 그대들이 보여준 행동의 전반적인 기조에는 일관성이 부족하기 때문이다. 그대들이 내세우는 도덕을 우리가 신뢰하지 못하는 이유는 이 세상의 물욕을 비난하면서도 늘 변함없이 황금을 추구하고 저승사자처럼 강렬하게 탐욕을 드러내기 때문이다.

그대들은 선언에서 잠언의 구절을 인용한다.

사람의 행위가 여호와를 기쁘시게 하면 그 사람의 원수라도 그와 더불어 화목하게 하시느니라.

• 당신은 영화와 역경을 맛보았습니다. 조국에서 추방되는 게 어떤 경험인지도 알고, 지배와 피지배도 겪었으며, 권좌에도 올랐습니다. 억압된 경험으로부터 당신은 억압자가 신과 인간에게 두루 얼마나 증오스러운 존재인지도 잘 압니다. 이런 경고와 광고에도 불구하고 당신이 신을 진심으로 섬기지 않는다면, 당신의 고통을 헤아려주는 신을 잊고 탐욕과 허영을 좇는다면, 당신은 큰 죄를 짓는 것입니다. 당신에게 즐거움을 주고 악을 행하도록 부추기는 자들의 함정과 유혹에 맞서기 위한 최선의 방책은 당신의 양심을 비추는 그리스도의 빛 속으로 뛰어드는 것입니다. 그것은 당신에게 아첨할 수도 없고 이험하지도 않으며, 당신이 쉽게 죄악에 빠지도록 놔두지 않을 것입니다.
_〈바클리가 찰스 2세에게 보낸 탄원〉

이 구절을 택한 것은 큰 잘못이다. 그대들이 그토록 지지하고자 하는 왕의 행동이 신을 기쁘게 하지 않는다는 증거가 되기 때문이다. 그렇지 않다면 왕의 치세는 평화로울 것이다.

이제 선언의 후반부로 넘어가자. 사실 지금까지 말한 모든 내용은 도입부에 불과하다.

지금까지 우리의 양심에 비추어볼 때 예수 그리스도의 빛을 표방한 이상 왕과 정부를 세우고 내리는 것은 신의 고유한 특권이며 신께서 그 원인을 가장 잘 아신다는 것이 우리의 판단이자 원칙이었다. 우리는 거기에 일체 관여하지 않는다. 참견하기 좋아하는 윗사람이 될 생각도 없고, 그들을 파괴하거나 파멸시키려 획책할 생각은 더더욱 없다. 오로지 우리나라의 안전과 모든 사람의 행복을 위해 왕에게 기도할 따름이다. 우리가 평화롭고 평온하게, 선하고 정직하게 살아갈 수 있는 것은 신이 기꺼이 돌봐주시는 정부가 있기 때문이다.

그대들의 원칙이 정말 그렇다면 왜 원칙을 지키지 않는가? 신이 직접 담당하는 일이라고 말하면서도 왜 원칙을 저버리는가? 그 원칙은 그대들에게 모든 공적 조치의 결과를 끈기 있고 겸손하게 기다리라고 지시하며, 그 결과를 신의 의지로 받아들이라고 가르친다. 그대들이 그 정치 선언의 내용을 완전히 신봉한다면 그런 선언을 공식 발표할 필요가 어디 있는가? 그것을 발표했다는 것은 곧 그대들이 스스로 표방하는 것을 믿지 않거나 믿는 것을 실행할 만큼 도덕적이지 않다는 것을 입증할 따름이다.

쿼이커교의 원칙은 인간을 어느 정부나 환영하는 얌전하고 온순한 신민으로 만들려는 성향을 가지고 있다. 왕과 정부를 세우고 내리는 게 신의 고유한 특권이라면, 신은 분명히 우리에게 빼앗길 것이 없는 셈이다. 그러므로 그 원칙에 따른다면 신이 세운 왕에게 지금까지 일어났고 앞으로 일어날 수 있는 모든 것을 인정해야 한다. 올리버 크롬웰은 그대들에게 고마워할 것이다. 찰스는 인간의 손에 죽은 게 아니었다. 만약 현재 찰스를 흉내 내는 거만한 자가 그와 똑같은 불시의 죽음을 맞게 된다면, 선언을 쓰고 발표한 자들은 선언의 내용에 구속되어 왕의 죽음을 찬양해야 할 것이다. 왕은 기적 따위에 의해 쫓겨나지 않으며, 정부는 지금 우리가 구사하는 것과 같은 평범하고 인간적인 수단이 아닌 다른 수단으로는 변화되지 않는다. 유대인의 축출도 우리 구세주가 예언하기는 했으나 결국 무력에 의해 실현되었다. 그대들은 한편으로 수단이 되기를 거부하면서도 다른 한편으로는 남의 일에 간섭하지 않으려 하고 말없이 결과가 나오기만을 기다리고 있다. 그대들처럼 신이 이 세계를 창조하고 구세계의 모든 지역에서 동서 방향으로 아주 멀리 떨어져 있는 위치에 놓았다고 말하면서도 이 세계가 부패하고 타락한 영국의 궁정으로부터 독립적이라는 사실을 부정하려면, 신과 같은 권위가 필요하다. 그대들의 원칙에 따른다면, 그대들은 "굳게 단결해 지금까지 누려왔던 영국과의 행복한 연관을 끊으려 하고, 왕에게 바치는 우리의 정의롭고 필연적인 복종을 단절시키려 하는 욕망과 의도를 담은 모든 저작과 조처를 혐오하는 사람들, 합법적으로 왕의 권위 아래 놓인 사람들"을 어떻게 하면 자극하고 선동할 수 있을지 보여주어야 한다. 얼마나 수치스러운 일인가! 조용하고 수동적인 자세로 신을 앞세운 왕과 정부의 지휘, 방침, 처분을 고분고분 따르던 사람들이 이제 새삼스럽게 자신들의 원칙을 부르짖고 자신들의 관심사를 외치고 있다. 여기서 적절히 인용한 결론을 기존의 교리에서 도출하는 게 과연 가능할까? 모순이 너무 뻔해 보지 않을 수 없고 너무 터무니없어 웃지 않을 수 없다. 형편없는 정파의 편협하고 심술궂은 정신을 가진 탓에 눈이 어두워진 사람들만 그렇게 주장할 수 있다. 그대들은 퀘이커교도 전체가 아니라 그중 일부 파벌일 뿐이다.

그대들의 선언에 대한 검토는 이것으로 마친다. 나는 그대들과 달리 어떤 사람도 혐오하지 않는다. 그저 공정하게 읽고 판단할 뿐이다. 여기에 나는 다음과 같은 말을 덧붙이고 싶다. '왕을 세우고 내리는 것'은 의미가 명확한 문구다. 아직 왕이 아닌 사람을 왕으로 만들고 왕을 왕이 아닌 사람으로 만든다는 뜻이다. 이것이 현재 상황과 관계가 있기를 간절히 바라야 할까? 우리는 왕을 세우거나 내릴 생각도 없고 왕을 만들거나 없앨 생각도 없다. 우리는 왕과 아무런 관계도 없다. 그러므로 그대들의 선언은 어느 모로 봐도 그대들의 판단력만 흐리게 할 따름이다. 그밖에 여러 가지 이유로 그 선언은 공식 발표하기보다 그냥 놔두는 편이 나았다. 이유는 이렇다.

첫째, 모든 종교를 싸잡아 비난할 뿐 아니라, 정치적 논쟁의 중심체가 되려 한다는 점에서 사회에 대단히 위험하다.

둘째, 정치적 선언의 공식 발표를 거부하는 수많은 사람들을 특별한 이해관계에 연루된 것처럼 간주한다.

셋째, 자신들 스스로가 최근까지 자유주의와 박애의 정신으로 탄생시키는 데 일조한 대륙의 조화와 우호를 취소하려 한다. 우리 모두에게는 대륙의 조화와 우호가 계속 유지되는 것이 대단히 중요하다.

이제 나는 아무런 격분이나 원한도 없이 그대들에게 작별을 고한다. 아무쪼록 그대들이 인간으로서, 그리스도교도로서 늘 모든 시민적·종교적 권리를 완전하고도 중단 없이 누리기를 진심으로 바라는 바이다. 또한 남들에게도 그 권리를 나누어주기를 바라는 마음이다. 그러나 그대들처럼 종교와 정치를 무분별하게 뒤섞어버린다면 아메리카 모든 주민들의 거부와 질책을 받게 될 것이다.

토지 분배의 정의

이 짧은 글은 1795~1796년에 썼다. 나는 이것을 지금 벌어지는 전쟁 중에 출판할지, 아니면 평화가 찾아올 때까지 기다려야 할지 결정하지 못한 채 더 이상 수정하거나 보충하지 않고 처음에 쓴 그대로 보관해두었다.

지금 내가 이것을 출판하겠다고 결심한 계기는 랜더프 주교인 왓슨Watson의 설교였다. 독자들은 그 주교가 내 책 《이성의 시대The Age of Reason》 둘째 부분에 대한 응답으로 《성서를 위한 변명An Apology for the Bible》이라는 책을 썼다는 사실을 잘 알 것이다. 책을 읽고 나는 그가 그 주제에 관해 내 견해를 알고 싶어 할 것이라고 생각했다.

주교의 책 말미에는 그가 참고한 문헌들의 목록이 있다. 그 가운데 흥미로운 설교가 있는데, 제목은 이렇다. 〈신께서 부자와 빈민을 만드신 지혜와 자비, 영국과 프랑스의 현재 상태에 관한 고찰을 담은 부록〉.

이 설교에서 잘못을 발견하고, 나는 《토지 분배의 정의 Agrarian Justice》를 출판하기로 마음먹었다. 신이 부자와 빈민을 만들었다는 말은 잘못이다. 신은 남자와 여자만을 만들었을 뿐이고, 그들에게 이 세상을 물려주었다…….

사제들은 인간의 한 부분에게 오만하게 굴어도 좋다고 설교하기보다, 현재의 시기를 이용해 인간의 일반적 조건을 지금보다 덜 비참하게 만들어야 한다. 현실적인 종교는 선을 행해야 하며, 신을 섬기는 유일한 방법은 신의 창조물을 행복하게 만들기 위해 애쓰는 것이다. 이런 목적에 부합하지 않는 설교는 다 엉터리이고 위선이다.

토지 분배의
정의

이른바 문명생활의 이득을 보호하면서 동시에 거기서 발생한 해악을 제거하는 것은 개혁 입법의 중요한 목표로 간주되어야 한다.

문명이라고 불리는 자랑스러운 그러나 잘못된 상태가 인간의 전반적 행복을 촉진하는지, 아니면 해치는지는 논란의 대상이다. 우리는 문명의 웅장한 면모에 압도되는 한편 극단적 비참함에 충격을 받는다. 그리고 이 둘은 모두 문명의 소산이다. 이른바 문명국가에는 인간의 가장 풍요로운 측면과 고통스런 측면이 공존한다.

사회의 상태가 어떠해야 하는지 이해하려면 인간의 자연 상태와 원시 상태가 무엇인지 알아야 한다. 현재 북아메리카 인디언들이 좋은 예다. 이런 상태에는 유럽의 모든 도시와 거리에서 빈곤과 결핍이 우리에게 생생히 보여주는 비참한 광경이 전혀 없다.

그러므로 빈곤은 이른바 문명생활이 낳은 산물이다. 자연 상태에는 빈곤이 없다. 반면 자연 상태에는 농업, 예술, 과학, 제조업에서 나오는 이득이 없다.

인디언의 삶은 유럽의 빈민과 비교하면 끝없는 휴일의 연속이지만, 부자와 비교하면 더없이 초라하다. 따라서 문명이라고 불리는 것은 두 방향으로 작용한다. 한편으로는 사회의 풍요로운 부분을 형성하지만 다른 한편으로는 자연 상태보다 더 비참하다.

자연 상태에서 문명 상태로 가는 일은 언제나 가능하지만, 문명 상태에서 자연 상태로 돌아갈 수는 없다. 자연 상태에서 사냥으로 살아가려면 토지를 경작해 먹고 사는 문명 상태보다 열 배나 넓은 지역을 돌아다녀야 하기 때문이다.

농경, 예술, 과학에 힘입어 한 나라의 인구가 늘었을 경우에는 문명 상태를 보존할 필요성이 생긴다. 문명이 없으면 인구의 십분의 일밖에 부양하지 못하는 탓이다. 따라서 지금 해야 할 일은 자연 상태에서 이른바 문명 상태로 이행하는 과정에서 생겨난 해악을 제거하고 이득을 보호하는 일이다.

이렇게 볼 때 문명의 첫째 원칙은 지금까지도 또 앞으로도 명확하다. 모든 사람은 문명 상태가 시작된 이후 살아갈 때의 조건이 문명 이전에 살아갈 경우보다 더 나쁘지 않아야 한다.

하지만 현실적으로 유럽 모든 나라에서 수많은 사람들의 조건은 문명 이전에 살아갈 때, 혹은 현재 북아메리카 인디언이 살아갈 때보다 훨씬 더 나쁘다. 어떻게 이런 현실이 되었는지 따져보자.

미개간의 자연 상태였을 때 땅이 인류의 공동 재산이었고 앞으로도 계속 그럴 것임은 부인할 수 없는 사실이다. 그 상태에서는 모두가 재산권을 가지고 태어났다. 인간은 다 함께 땅을 공동의 재산으로 소유했으며, 땅에서 나는 채소나 짐승 같은 모든 자연 산물도 공유했다.

그러나 앞서 말했듯이 자연 상태의 땅은 경작된 상태에 비해 많은 주민을 부양하지 못한다. 경작으로 이루어진 발전을 모태가 되는 토지 자체와 분리하기란 불가능하다. 그 불가분한 연관에서 토지 재산이라는 관념이 생겨났다. 그럼에도 불구하고 개인 재산이 되는 것은 토지 자체가 아니라 발전이 이룬 가치일 뿐이다.

그러므로 경작 토지의 소유자는 누구나 자신이 소유한 토지에 대해 공동체에 지대(나는 그 관념을 표현하는 더 나은 용어를 찾지 못했다)를 내야 한다. 이 지대로부터 계획에서 제기된 기금이 나오는 것이다.

사물의 본성과 우리에게 전승된 모든 역사를 토대로 추론해보면, 토지 재산의 관념은 농경과 더불어 시작되었다. 이전에는 토지 재산 같은 게 없었다. 인간의 첫째 상태, 즉 사냥꾼의 상태에는 토지 재산이 존재할 수 없었다. 둘째 상태, 즉 양치기의 상태에도 존재하지 않았다. 아브라함, 이삭, 야곱, 욥 등 성서의 역사를 훑어봐도 토지 소유자와 비슷한 사람은 없었다.

그들의 재산은 늘 그렇듯 가축이었다. 그들은 가축을 데리고 이곳에서 저곳으로 이동했다. 당시 그들이 살았던 아라비아 건조 지대에서 우물의 이용을 놓고 다툼이 자주 벌어졌다는 사실도 토지 재산이 없었다는 것을 증명한다. 토지는 누구도 재산이라고 주장할 수 있는 게 아니었다.

이렇듯 토지 재산은 원래 없던 것이었다. 인간은 땅을 만들지 않았으며, 설령 땅을 점유할 자연적 권리가 있다 해도 땅의 일부를 영구히 자기 재산으로 삼을 권리는 없었다. 또한 땅을 창조한 조물주는 토지 문서를 발행하는 관청을 설치하지 않았다. 그렇다면 토지 재산의 관념은 어떻게 생겨난 걸까? 나는 예전에도 말했듯이 경작과 더불어 토지 재산의 관념이 형성되었다고 대답한다. 경작으로 이루어진 발전과 모태가 되는 토지 자체를 분리하기가 불가능하다는 점에서 그런 관념이 생겨난 것이다.

지금까지 발전의 가치는 자연적 토지의 가치를 크게 상회해 자연적 토지의 가치를 흡수할 정도에 이르렀다. 결국에는 모든 사람의 공유권이 개인의 경작권과 뒤섞여버렸다. 그럼에도 불구하고 서로 다른 종류의 권리들은 있으며, 앞으로 세상이 존속하는 한 계속 존재할 것이다.

사물의 올바른 관념을 얻으려면 사물의 기원을 추적해야 한다. 그 관념을 얻으면 옳은 것과 그른 것을 구분하고 각자에게 자기의 것을 알도록 정해주는 경계선을 발견할 수 있다. 내가 이 책자에 '토지 분배의 정의'라는 제목을 붙인 이유는 '토지 분배의 법'과 구분하기 위해서다.

경작으로 발전한 나라에서 토지법보다 더 부당한 것은 없었다. 누구나 땅의 주민이라는 자격으로 자연 상태에서 토지를 공동으로 소유하지만, 그렇다고 해서 경작된 토지를 공동으로 소유하는 것은 아니다. 경작이 인정된 뒤 경작으로 부가된 가치는 경작을 담당한 사람, 혹은 그에게서 상속받거나 매입한 사람의 소유가 되었다. 원래는 이것도 소유자가 없었다. 그래서 나는 그 권리를 옹호하고 토지 재산 제도의 도입으로 자연적 상속이 불가능해진 사람들이 처한 딱한 상황에 공감하면서도, 그에 못지않게 소유자가 자신의 몫을 챙길 권리도 옹호한다.

경작은 적어도 인간이 발명한 최대의 자연적 발전에 속한다. 경작은 창조된 땅에 열 배의 가치를 부가했다. 그러나 더불어 시작된 토지 독점은 최대의 해악을 낳았다. 모든 나라 주민들의 절반 이상에게서 자연적 상속권을 박탈하고서도 손실에 대해 마땅히 해야 할 아무런 보상도 해주지 않았다. 그럼으로써 전에 없었던 새로운 빈곤과 비참한 현실을 낳았다.

빼앗긴 사람들의 처지를 옹호하기 위해 내가 주장하는

것은 자선이 아니라 권리다. 그러나 권리는 처음부터 등한시되었고, 하늘이 정부 제도의 혁명으로 길을 열 때까지는 전면에 대두되지 못했다. 그렇다면 이제부터라도 정의감으로 혁명에 경의를 표하고, 축복으로 그들의 원칙을 유포시키자.

이렇게 몇 마디 말로 사안의 공과를 밝혔으니, 이제는 내가 제기해야 할 계획으로 넘어가자.

국가 기금을 조성해 토지 재산 제도가 도입되면서 자연적 상속권을 상실한 스물한 살 이상의 모든 사람들에게 부분적인 보상으로 15파운드의 금액을 나누어주도록 하자.

또한 현재 살아 있는 쉰 살 이상의 모든 사람들에게 평생토록 해마다 10파운드씩 주고, 나머지 사람들에게도 그 나이가 되면 주도록 하자.

기금을
조성하는 방법

앞에서 원칙으로 확립했듯이, 미개간의 자연 상태였을 때 땅은 인류의 공동 재산이었고 앞으로도 계속 그럴 것이다. 그 상태에서는 모두가 태어날 때부터 재산을 가진다. 그러나 경작이나 이른바 문명생활과 불가분한 연관을 가진 토지 재산 제도는 사람들의 재산을 빼앗아 흡수하고서도 그 손실에 대해 마땅히 해야 할 아무런 보상도 해주지 않았다.

하지만 현재의 소유자들에게 잘못이 있는 것은 아니다. 그들이 정의에 반하는 죄를 일부러 저지른 경우가 아니라면 그들에게는 어떠한 불만도 토로할 수 없다. 잘못은 제도에 있다. 지금까지 제도는 알게 모르게 세상을 강탈해왔으며, 나중에는 칼의 힘을 빌려 토지법을 관철시켰다. 그러나 이 잘못은 이후 세대들에 의해 시정될 수 있다. 현재 소유자들의 재산을 축소하거나 훼손하지 않고도 기금의 운영이 가능하다. 아마 기금을 창설한 첫 연도부터 온전한 활동이 이루어질 것이다.

앞서 말한 연금 지급은 부자와 빈민 가릴 것 없이 모두에게 공평해야 한다. 차별이나 구분을 막으려면 그 방법이 최선이다. 또한 자신이 형성했거나 다른 사람에게서 상속받은 재산에 대해 가지는 자연적 상속권을 대체한다는 점에서도 공평하게 지급하는 것이 옳다. 연금을 받고 싶지 않은 사람은 받은 돈을 공동 기금에 투척하면 된다.

이른바 문명 상태에서는 어떤 사람도 자연 상태보다 나쁜 조건에 처하지 않도록 해야 한다. 문명은 그 목적을 위해 지금까지 노력해왔고 지금도 노력해야 한다. 하지만 그러기 위해서는 재산 형성 과정에서 흡수된 자연적 상속에 해당하는 몫을 재산에서 공제해야만 한다.

이를 위해 여러 가지 방법을 생각해볼 수 있다. 현재로서 최선으로 보이는 방법은 한 사람이 사망한 뒤 그 재산이 다른 사람에게 넘어갈 때 공제하는 것이다(최선이라고 말할 수 있는 이유는 현재의 소유자들에게 피해를 주거나 정부와 혁명의 목적에 필요한 세금과 차관의 징수에 영향을 주지 않는 것은 물론이고, 가장 말썽이 적고 효과적일 뿐 아니라 가장 적절한 시기에 공제가 이루어질 수 있기 때문이다). 이 경우 재산을 남긴 사람은 아무것도 내놓지 않고, 재산을 받는 사람은 아무 대가도 치르지 않는다. 다만 자연적 상속의 독점은 애초에 권리가 아니었으므로 당사자에게서 끝난다는 점만 그에게 문제될 따름이다. 너그러운 사람은 지속되는 것을 바라지 않을 테고, 정의로운 사람은 적극적으로 폐지하고자 할 것이다.

건강이 좋지 않은 탓에 나는 개연성의 이론을 확실한 계산으로 뒷받침하지 못했다. 그러므로 이 문제에 관한 나의 주장은 입수한 정보의 소산이라기보다는 관찰과 성찰의 소산이다. 하지만 나는 사실로 충분히 검증될 수 있으리라고 믿는다. 우선 21년을 성장기로 볼 때 부동산과 동산을 포함한 나라의 모든 재산은 항상 그 이상 연령대의 소유다. 그렇다면 스물한 살 이후의 연령대가 살 수 있는 평균 기간을 계산해야 한다. 나는 그것을 30년 정도로 잡는다. 스물한 살 이후 40, 50, 60년을 더 사는 사람도 많지만, 더 일찍 죽는 사람도 많고 그 기간 동안 매년 사망자가 발생하기 때문이다.

그 평균 기간을 30년으로 잡으면, 한 나라의 전 재산이나 자본, 혹은 그에 상당하는 자금이 완전히 한 바퀴 회전해 후손에게로 전승되는 평균 기간, 즉 사망으로 새 소유자들에게 전해지는 평균 기간도 대체로 큰 편차 없이 파악할 수 있다. 자본의 상당 부분이 40, 50, 60년 동안 한 사람의 소유로 남아 있는 경우도 있지만 30년 동안 두세 바퀴 회전하는 경우도 있으므로 얼추 평균 30년의 기간에 가까워지게 된다. 예를 들어 한 나라의 자본 가운데 절반이

30년 동안 두 바퀴 회전한다면 전체가 한 바퀴 회전한 것과 같은 기금을 산출하리라고 볼 수 있다.

한 나라의 전 자본 혹은 그에 상당하는 자금이 한 바퀴 회전하는 기간을 30년으로 잡으면, 자본의 삼십분의 일이 1년에 한 바퀴 회전하는 셈이다. 다시 말해 그 부분이 사망으로 새 소유주에게 넘어가는 몫이 된다. 이 금액을 기준으로 삼아 일정한 비율을 공제하면 앞에 말한 것처럼 연간 축적하고 운영할 수 있는 기금의 규모를 확정할 수 있다.

영국의 피트Pitt 총리가 영국에서 예산(1796년 재정 계획)이라고 말하는 것에 관해 밝힌 내용을 검토해보면 영국의 국가 자본이 어느 정도 규모인지 파악이 가능하다. 나는 이 국가 자본의 추산치를 근거 자료로 삼았다. 어떤 나라의 알려진 자본에 그 나라의 인구를 포함해 계산한 결과를 자본과 인구가 다른 나라에도 척도로 활용할 수 있다.

나는 피트의 추산치를 더 적극적으로 받아들이고자 한다. 총리 자신의 계산에 입각해, 지금까지 그가 부르봉•왕들을 옹립하려는 무모한 계획에서 해왔던 것처럼 돈을 허투루 낭비하지 않고 더 잘 이용할 수 있다는 것을 그에게 보여주고 싶다. 부르봉 왕들은 도대체 영국 국민들에게 무슨 소용인가? 빵 한 덩이보다도 못한 존재다.

• 영국에는 부르봉 왕조가 없으므로 실제 왕조가 아니라 '보수파'라는 의미다 _ 옮긴이 주

피트는 영국의 국가 자본이 부동산과 동산을 합쳐 13억 파운드라고 말한다. 이는 벨기에를 포함한 프랑스 국가 자본의 사분의 일에 해당하는 규모다. 두 나라의 지난 수확량은 프랑스의 토지가 영국보다 더 생산적이었음을 말해준다. 프랑스의 토지는 2400~2500만 명의 인구를 먹여 살렸지만 영국의 토지는 700~750만 명을 먹여 살리는 데 그쳤다. 13억 파운드의 삼십분의 일이면 4333만 3333파운드다. 이것이 이 나라에서 매년 사망으로 새 소유자들에게 넘어가는 자본이다(프랑스에서 연간 회전하는 금액은 그 네 배에 달할 것이므로 약 1억 7300만 파운드가 된다). 연간 회전하는 4333만 3333파운드에서 거기에 흡수된 자연적 상속의 가치를 공제할 경우 정당한 비율은 더도 덜도 아닌 십분의 일이 될 것이다. 매년 사망으로 회전하는 재산 가운데 일부는 당사자의 직계 자식들에게, 또 일부는 방계 가족에게 상속되는데, 그 비율은 약 3대 1로 잡을 수 있다. 그렇다면 앞의 금액 가운데 약 3천만 파운드는 직계 자식들에게 가고, 나머지 1333만 3333파운드는 더 먼 친척과 연고가 없는 사람에게 돌아갈 것이다.

그렇다면 생각해보자. 인간은 반드시 사회와 관계를 맺어야 하며, 그 관계망은 다음 세대의 친족이 멀수록 넓어진다. 그러므로 직계 상속자가 없을 경우에는 사회가 상속자로 나서서 재산의 십분의 일 이상을 사회의 몫으로 돌리는 게 문명에 걸맞은 방식이다.

추가 부분을 다음 세대의 친족이 얼마나 먼지에 따라 5~10퍼센트, 혹은 12퍼센트로 잡고(친족 관계가 멀수록 몰수되는 평균치는 작아진다), 정부가 아니라 반드시 사회로 몰수한다면(10퍼센트 이상이 된다), 연간 4333만 3333파운드에서 나올 수 있는 기금은 다음과 같다.

3천만 파운드의 10퍼센트	300만 파운드
1333만 3333파운드의 10퍼센트와 추가 10퍼센트	266만 666파운드
4333만 3333파운드	566만 6666파운드

이렇게 약정된 연간 기금을 맞춘 뒤에는 이 기금에 맞는 인구를 정하고 기금이 투입될 용도와 비교해야 한다.

영국의 인구는 750만 명을 넘지 않으며, 그 가운데 쉰 살 이상의 인구는 40만 명가량 된다. 하지만 그중에는 약정된 연간 10파운드를 받을 자격이 있어도 실제로 수령하지는 않는 사람들이 있을 것이다. 아마 연간 소득이 200~300파운드에 달하는 사람들은 받지 않을 것이다. 그러나 부자라 해도 예순 살쯤 되면 갑자기 가난해지는 경우가 자주 있는데, 이들은 언제든 자신에게 할당된 금액을 밀린 것까지 전액 받을 권리가 있다. 그러므로 앞에 제시한 연간 총액 566만 6666파운드 중 400만 파운드는 40만 명의 노인들에게 1인당 10파운드씩 지급하기 위해 필요하다.

이제 매년 스물한 살이 되는 사람들을 살펴보자. 만약

매년 사망하는 사람들이 전부 스물한 살 이상이라면, 매년 스물한 살이 되는 사람들의 수가 사망자의 수와 똑같아지고 인구는 늘 변함없을 것이다. 하지만 스물한 살 이전에 죽는 사람이 더 많으므로 매년 스물한 살이 되는 인구는 사망자 수의 절반을 밑돌게 된다.

실제로 총인구 750만 명 가운데 사망자 수는 매년 약 22만 명에 달하며, 스물한 살이 되는 인구는 약 10만 명이다. 이들 전부가 약정된 15파운드를 받지는 않을 것이다. 앞에서 말한 것처럼 자격이 있다 해도 전부 실제 수령자인 것은 아니다. 십분의 일이 수령하지 않는다면 그 금액은 다음과 같다.

연간 기금		566만 6666파운드
노인 40만 명에게 1인당 10파운드씩 지급	400만 파운드	
21세 9만 명에게 1인당 15파운드씩 지급	135만 파운드	
		535만 파운드
잔액		31만 6666파운드

어느 나라에나 눈이 멀고 사지를 못 쓰는 탓에 생계를 꾸려나갈 능력이 없는 사람들이 있다. 하지만 늘 그렇듯이 눈이 먼 사람들은 주로 쉰 살이 넘은 노인이므로 노인 계층을 위한 대책에 포함된다. 그러므로 나머지 31만 6666파운드로는 그 이하의 연령에 속하는 장애인들에게 1인당 연간 10파운드씩 지원한다.

이제 필요한 모든 계산을 마쳤고 계획의 세부 사항들을 밝혔으니 몇 가지 결론을 내릴 수 있겠다.

내가 바라는 것은 자선이 아니라 권리이며, 은혜가 아니라 정의다. 현재 문명의 상태는 혐오스럽고 부당하다. 이상적인 모습과는 완전히 반대이며, 혁명이 필요할 정도다. 풍요와 빈곤의 대조가 역력해 마치 산 자와 죽은 자의 몸뚱이들이 서로 얽혀 있는 듯하다. 나는 다른 사람들처럼 부에 신경 쓰지 않지만, 부는 선을 행할 능력이 있기 때문에 좋게 여긴다.

아무도 빈곤에 시달리지 않는다면 누가 얼마나 부자이든 상관없다. 하지만 사회에 빈곤이 만연해 있는데, 능력이 있다고 해서 풍요를 마음껏 누리기란 불가능하다. 눈앞에 펼쳐진 참상과 그것이 주는 불쾌한 느낌은 억눌러도 근절되지 않으며, 약정된 10퍼센트의 기금이 주는 부담보다 행복과 풍요의 더 큰 걸림돌이다. 그것을 제거하기 위해 자신의 것을 내놓지 않는 사람은 자신에게도 자선을 베풀지 않는다.

어느 나라에나 대규모 자선을 베푸는 사람들이 있다. 하지만 빈곤이 대규모로 만연해 있을 경우에는 개인의 힘으로 해결하는 데 한계가 있다. 자신의 양심을 만족시킬 수는 있어도 마음까지 만족시키지는 못한다. 가진 것을 전부 내놓아도 효과는 미미할 따름이다. 문명을 도르래처럼 작동하는 원칙에 따라 체계적으로 조직해야만 빈곤이 전반적으로 해소될 수 있다.

여기서 제안한 계획은 전체에 영향을 미칠 것이다. 특히 맹인, 불구자, 빈곤한 노인의 딱한 계층을 없애는 데 즉각 효과가 있을 것이다. 자라나는 세대에 빈곤을 방지하는 수단을 주면서도 다른 국가 정책을 훼손하거나 혼란시키지 않을 것이다. 그 점을 증명하는 것은 간단하다. 계획의 효력과 효과가 마치 모든 개인들이 자발적으로 의지를 북돋워 자기 재산을 계획된 방식으로 사용한 것과 똑같다는 것을 밝히면 된다.

그러나 계획의 원칙은 정의이지 자선이 아니다. 무릇 중요한 일에는 자선보다 더 보편적으로 작용하는 원칙이 필요한 법이다. 정의는 고립된 개인들의 선택에 맡겨둬서는 안 된다. 정의를 바탕으로 계획을 고찰하면, 혁명의 원칙에서 자연스럽게 비롯되는 전체의 행위여야 하며, 평가도 개인적이 아니라 국가적이어야 한다. 이 원칙에 입각한 계획은 정의감에서 솟아나는 에너지를 통해 혁명에 도움을 줄 것이다. 또한 국가 자원도 자라나는 식물처럼 점점 증대할 것이다. 예컨대 젊은 부부가 세상에 나올 때 아무것도 없이 시작하는 것과 각각 15파운드씩 손에 쥐고 시작하는 것은 크게 다르다. 이 지원금으로 그들은 소와 몇 에이커의 토지를 경작할 농기구를 구입할 수 있다. 그러면 그들은 부양 능력보다 자식들의 수가 더 빠르게 증가하는 경우처럼 사회에 짐이 되기보다 유용하고 유익한 시민이 될 것이다. 작은 땅을 경작하는 데 재정 지원이 이루어진다면 국토도 더 효율적으로 이용될 것이다.

빈곤해지는 사람들에게 빈곤해졌을 때에야 비로소 약간의 도움을 주는 것이 이른바 문명이라는 이름을 부당하게 획득한 체제의 관행이다(자선이나 정책이라고 불릴 자격도 없다). 그보다는 경제적 측면에서라도 가난해지는 것을 미리 방지하는 수단을 채택하는 게 훨씬 더 낫지 않을까? 방법은 스물한 살이 된 모든 사람들에게 삶을 출발하기 위한 밑천을 지원하는 것이다.

극단적 풍요와 결핍이 공존하는 사회의 모진 측면은 심한 폭력이 자행되고 나서 구제를 위해 정의를 요구한다는 것을 말해준다. 모든 나라의 빈곤한 대중은 세습에 의해 빈곤을 물려받으며, 이들이 자력으로 빈곤에서 벗어나기란 거의 불가능하다. 또한 문명화되었다고 말하는 모든 나라에서 빈곤한 대중이 증가하는 것도 유념해야 한다. 갈수록 빈곤에서 벗어나는 사람들보다 빈곤에 빠져드는 사람들이 더 많아지고 있다.

정의와 박애를 근본 원칙으로 하는 계획에 이해관계가 개입되면 안 될 것이다. 하지만 어떤 계획이든 이해관계의 측면에서 수익을 낳는다는 것을 보여주어야만 용이하게 수립될 수 있다. 대중의 관심을 받는 계획의 성공은 정의를 원칙으로 하면서도 결국에는 계획으로 얼마나 많은 사람들이 이익을 볼 수 있느냐에 달려 있다.

이 계획은 누구에게도 피해를 주지 않으면서 모두에게 혜택을 줄 것이다. 공화국의 이익과 개인의 이익을 함께 도모할 수 있다. 토지 재산 제도에 의해 자연적 상속권을 빼앗긴 수많은 계층에게 국가적 정의를 실천할 것이다. 얼마 안 되는 재산마저 빼앗기고 죽어가는 사람들의 자식들에게 톤티식 연금●의 역할을 할 것이며, 기금에 투입되는 돈보다 더 큰 혜택을 낳을 것이다. 또한 토대가 흔들리는 유럽의 낡은 정부들이 보장할 수 없는 안전을 제공하므로 부의 축적에도 도움이 될 것이다.

유럽의 어느 나라에서도 가장이 죽고 나서 500파운드를 유산으로 남기는 경우는 열 가족 중 하나에 불과하다. 그러므로 이 계획은 모든 나라에 이익을 준다. 한 가족이 기금에 50파운드를 적립해놓으면, 미성년 자식이 둘일 경우 성년이 될 때까지 1인당 15파운드씩 30파운드를 받고 쉰 살이 넘으면 1년에 10파운드씩 받을 자격을 가진다.

자산이 크게 부풀면 기금은 자체 부양도 가능해질 것이다. 영국의 자산가들은 사실 궁극적으로는 십분의 구를 보호받음으로써 이득을 보게 되는데도 계획을 거세게 반대할 게 뻔하다. 하지만 그들이 어떻게 재산을 획득했는지 캐묻기보다 그들에게 다음과 같은 명백한 사실들을 상기시켜주

● 17세기에 은행가였던 톤티가 실행한 연금법으로, 한 가입자가 죽으면 다른 가입자들의 배당이 증가하는 제도._옮긴이 주

자. 그들은 이 전쟁을 옹호해왔고, 피트는 이미 영국 국민들이 부담하는 연간 세금을 증액했으며, 계획에서 제안한 금액을 매년 지불하기보다는 오스트리아와 부르봉의 전제를 지지하고 프랑스 자유주의 세력을 탄압하고자 한다.

나는 이 계획에 필요한 수치를 계산할 때 토지 재산만이 아니라 개인 재산도 포함시켰다. 토지를 고려한 이유는 이미 설명한 바 있다. 개인 재산을 계산에 넣은 이유는 원칙은 다르지만 근거는 확실하다. 앞서 말했듯이 토지는 조물주가 인류 전체에게 무상으로 준 선물이다. 개인 재산은 사회의 결과물이므로 한 개인이 사회의 도움 없이 개인 재산을 획득하기란 토지를 송두리째 만들어내는 것처럼 불가능한 일이다.

개인을 사회에서 분리하고 섬이나 대륙을 소유하게 한다면 그는 개인 재산을 획득하지 못한다. 그는 부자가 될 수 없다. 수단과 목적이 불가분하게 연결되어 있기 때문에 수단이 존재하지 않으면 목적을 달성할 수 없다. 그러므로 자신의 손으로 만들어내는 것을 제외한 모든 개인 재산의 축적은 사회 속에서 살아감으로써 가능한 것이다. 또한 개인은 정의, 감사, 문명의 원칙에서 혜택을 입고 있으므로 축적의 일부분을 부의 원천인 사회에 환원하는 것은 당연하다.

일반적 원칙으로 보면 아마 최선의 방도일 것이다. 상세하게 검토하면, 개인 재산의 축적은 주로 부를 낳은 노동에 대한 대가를 적게 지불한 결과라는 사실이 드러난다. 그래서 노동자는 노년에 영락하게 되고 고용주는 풍요를 누리는 것이다.

노동의 가격과 노동이 낳은 수익을 정확히 측정하기란 불가능하다. 하지만 노동자의 하루 임금이 인상된다 해도 노년에 대비해 저축하지 못할 것이고 노년이 되기 전까지 더 잘 살지도 못할 것이라는 주장은 불공정에 대한 변명에 불과하다. 그렇다면 사회가 공동 기금으로 노동자를 보호해야 한다. 노동자가 수령된 돈을 올바로 이용하지 못할지도 모른다고 해서 그 돈이 다른 사람에게 돌아가야 하는 것은 아니다.

유럽에 널리 퍼진 문명 상태는 원칙적으로 부당할 뿐 아니라 결과도 참담하다. 그런 점에 대한 의식, 그리고 어느 나라에서든 조사가 시작되면 문명 상태가 지속될 수 없으리라는 불안 때문에 재산 소유자들은 혁명의 발상 자체를 두려워한다. 하지만 그들의 진보를 저해하는 것은 혁명의 원칙이 아니라 혁명의 위험이다. 그러므로 재산도 보호하고 정의와 박애도 실행하기 위해서는 사회의 한 부분이 빈곤에 처하지 않도록 방지하고 다른 부분이 약탈되지 않도록 보호하는 제도가 반드시 필요하다.

예전에는 부자라면 미신처럼 경외하고 떠받들었으나 이제 그런 태도는 모든 나라에서 거의 사라지고 오히려 재산 소유자가 사고를 당할 위험에 노출되어 있다. 부와 영광은 대중을 매료시키는 대신 혐오감을 불러일으키고, 존경심을 자아내는 대신 빈곤에 대한 모욕으로 간주한 화려한 치장을 한 부자는 과연 그럴 자격을 가지고 있느냐는 의심을 불러일으킨다. 그래서 재산 문제가 중요해진다. 재산 소유자가 안전을 도모할 수 있는 것은 사법 제도밖에 없다.

위험을 제거하려면 반감을 없애야 하는데, 그러기 위해서는 재산으로 국가적 이득을 생산해 모든 개인들에게 혜택이 돌아가도록 해야 한다. 한 사람이 다른 사람보다 부유한 경우 그에 비례해 국가 기금도 늘어나고, 국가 기금의 성공이 개인들의 성공에 달려 있다는 점이 두드러지게 드러나고, 개인이 더 많은 부를 획득할수록 대중에게도 좋다면, 부자에 대한 반감이 줄어들고 부자의 재산이 국익과 국가적 보호의 토대 위에 항구적으로 자리 잡게 된다.

내가 제안한 계획에 이용할 나의 재산은 프랑스에 있지 않다. 많지는 않지만 내가 가진 것은 전부 미합중국에 있다. 그러나 나는 프랑스에서 이 기금이 탄생하면 곧바로 100파운드를 낼 것이다. 영국에서도 비슷한 변화가 생기면 즉각 같은 금액을 낼 것이다.

문명 상태의 혁명은 정부 제도의 혁명과 필수적인 짝을 이룬다. 만약 어떤 나라에서 혁명이 일어나 나쁜 것이 좋은 것으로, 혹은 좋은 것이 나쁜 것으로 바뀐다면, 그 나라의 문명 상태는 변화에 발맞춰 혁명을 실행해야 한다.

전제 정부는 영락한 문명에 의해 유지된다. 인간 정신의 타락과 대중의 빈곤화가 전제 정부의 주요한 기준이다. 이런 정부는 인간을 동물처럼 취급한다. 지적 재능의 발휘를 인간의 특권으로 보지 않고, 인간은 법을 왈가왈부할 자격이 없고 오로지 법에 복종만 해야 한다고 생각한다.● 정치적으로 전제 정부는 절망에 빠진 인간 정신이 격분할까 두려워하지 않으며, 빈곤으로 인간 정신을 꺾어버리려 한다.

문명 상태의 혁명은 프랑스 혁명을 완성할 것이다. 이미 대의제 정부가 참된 정부 제도라는 확신이 세계에 급속히 퍼지고 있다. 그 합리성은 모두가 알 수 있다. 그 정의로움은 반대하는 사람들조차 인정한다. 하지만 그 정부 제도에서 성장하는 문명의 제도가 공화국에서 태어난 모든 사람들이 삶을 출발하는 데 필요한 수단을 물려주고, 여느 정부들과 달리 노년에 닥치는 빈곤에서 벗어날 수 있다고 확신하게 해줄 때, 프랑스 혁명은 모두의 옹호를 받고 모든 나라에서 동맹자를 얻게 될 것이다.

원칙으로 무장한 군대는 병사들의 군대보다 훨씬 파괴력이 강하며, 외교력이 실패하는 곳에서 성공을 거둔다. 라인 강도, 영국 해협도, 대양도 전진을 가로막지 못한다. 그 발걸음은 수평선 너머 전 세계로 뻗어 마침내 승리할 것이다.

● 호슬리Horsley 주교가 영국 의회에서 한 발언이다.

제안된 계획을 실행하고
공익에 이바지하도록
만들기 위한 수단

1. 각 지방은 기초의회를 선출하고 위원을 세 명씩 선발한다. 위원들은 계획을 집행하기 위한 법으로 만들어진 헌장에 따라 지방에서 일어나는 일들을 심리하고 기록한다.

2. 사망자의 재산을 조사하는 방식을 법으로 정한다.

3. 사망자가 남긴 재산의 양을 조사할 때, 재산의 주요 상속자나 공동 상속자들 가운데 연장자, 혹은 사망자의 유언으로 정해진 대리인은 지방 위원에게 전술한 십분의 일의 금액을 지불하겠다는 증서를 제출한다. 지불은 형편에 따라 연 4회로 1년가량에 걸쳐 분할 지불한다. 전 재산의 절반은 완불이 될 때까지 보증금으로 묶어둔다.

4. 증서는 지방 위원의 사무소에 등록하고, 원본을 파리의

국립은행에 보관한다. 국립은행은 매 분기마다 보유하고 있는 증서의 총량을 발표한다. 또한 지불 완료된 증서와 지난 분기의 발표 이후 남은 부분도 발표한다.

5. 국립은행은 보유한 증서를 담보로 은행권을 발행한다. 이 은행권은 노인 연금과 스물한 살이 된 사람들에게 지급하는 수당으로 이용한다. 당장 수당을 받지 않아도 되는 사람들이 기금 수령권을 유예하면 기금 운용이 한결 여유로워질 것이다. 이 경우 각 지방은 적어도 현재의 전쟁이 끝날 때까지 권리를 유예한 사람들의 명단을 명예 등록자로 보관한다.

6. 재산 상속자는 분기별로, 혹은 자신이 원하는 기간에 맞춰 증서를 반드시 결제해야 한다. 순조롭게 진행되면 첫 분기가 지난 뒤 은행에 뉘메레르numéraire•가 쌓일 것이므로 이 돈으로 은행에 들어오는 은행권과 교환한다.

7. 유통에 투입되는 은행권은 실제 재산으로 구성된 최고의 담보를 바탕으로 발행한다. 은행권의 발행량은 담보가 되는 증서의 네 배다. 은행에 지속적으로 들어오는 뉘메레르는 은행권과 교환하거나 필요할 경우 지불 용도로 사용한다. 그 과정을 통해 은행권은 공화국 전 지역에서 항구적 가치를 가지게 된다. 그래서 은행권은 세금 납부나 뉘메레르와 동등한 차관 용도로 쓰일 수 있

• 교환비율의 기준이 되는 상품. 쉽게 말해 돈_ 옮긴이 주

다. 정부도 항상 은행에서 은행권 대신 뉘메레르를 받을 수 있다.

8. 계획이 실행된 첫 연도에는 10퍼센트의 지불이 뉘메레르로 이루어져야 한다. 하지만 첫 연도가 지나면 재산 상속자들은 기금을 바탕으로 발행된 은행권이나 뉘메레르로 10퍼센트를 지불할 수 있다. 뉘메레르로 지불한다면 은행에 보증금으로 보관되어 그에 상당하는 양의 은행권과 교환하는 용도로 사용한다. 기금을 바탕으로 은행권이 발행되면 다시 액수에 상당하는 기금의 수요를 유발한다. 이런 식으로 계획을 운영하면 계획을 집행하는 수단이 만들어질 것이다.

상식이 통하는 사회와
상식이 이상인 사회

일반적으로 혁명은 상식과 무관하다. 상식은 일상적인 의미를 가지는 데 비해 혁명은 대규모의 변화가 급격히 일어나는 비일상적 사건이기 때문이다. 하지만 "상식적으로 사고하고 행동하자"는 말이 가장 강력한 혁명의 구호가 되는 역설적인 상황이 있다. 토머스 페인이 이 책을 쓸 무렵 아메리카의 상황이 바로 그랬다.

인지세법과 보스턴 차 사건으로 영국과 아메리카 식민지가 최악의 관계에 달한 1775년 페인은 단순히 경제적 측면에서 항의할 게 아니라 그 참에 아메리카가 영국으로부터 분리, 독립을 이루어야 한다고 보았다. 이미 그해 4월 렉싱턴과 콩코드에서 대규모 전투가 발발한 것을 기점으로 아메리카 독립전쟁은 시작된 상태였다.

독립의 논거를 소책자로 정리해 1776년 1월 10일에 발간한 것이 지금 이 책 《상식》이다. 아메리카의 독립, 공화정의 수립을 주장한다면 사회적으로도, 정치적으로도 혁명적 사상임에 틀림없다. 하지만 페인은 이 독립혁명을 '상식'으로 봐야 한다고 주장한다.

> 나는 오로지 단순한 사실, 명백한 논거, 평범한 상식만을 제시할 것이다. …… 독자는 단지 편견과 선입견을 버리고, 이성과 감정을 동원해 스스로 판단하면 된다. 인간의 참모습을 되찾으면, 아니 참모습을 버리지 않으면, 누구나 현재를 뛰어넘어 자신의 견해를 폭넓게 확장할 수 있다.

페인이 보기에 한 사람의 국왕이, 그것도 세습제라는 모순된 제도로 권력을 계승하면서 한 나라를 지배하는 체제는 지극히 비상식적이다. 태어나면서부터 남들을 지배할 권리를 가졌다고 여기는 사람은 쉽게 악에 물들게 될뿐더러, 세습으로 늘 현명한 군주가 탄생하리라는 보장은 없기 때문이다. 더구나 병약하거나 나이 어린 군주가 들어설 경우 사악한 자가 왕을 조종해 국정을 주무르는 경우는 동서고금의 역사에서 흔한 현상이다.

또한 페인이 보기에 아메리카가 영국과 계속 한 몸으로 남는 것은 비상식적이다. 아메리카가 영국에서 분리되면 식민지 주민들에게만이 아니라 영국에게도 이득이다. 독립된 아메리카는 영국만이 아니라 유럽의 여러 국가들을 상대로 무역을 할 수 있으며, 영국도 수천 킬로미터 떨어진 곳에서 아메리카를 직접 지배하기란 불가능하고 쓸데없이 비용만 많이 들기 때문이다.

결국 영국이라는 '왕국'이 아메리카를 '식민지'로 지배하는 것은 정치적으로나 경제적으로나, 또 군사적으로나 국제관계적으로나 상식에 어긋난다. 거꾸로 말하면 아메리카가 '공화국'이자 '독립국'으로 새롭게 재편되면 양국에게는 물론 세계 질서에도 이득과 평화를 가져다준다는 게 상식이다. 기존의 질서가 비상식적일 경우 이것을 상식적인 질서로 바꾸는 데는 혁명이 필요하다. '상식=혁명'의 낯선 등식은 페인이 만들었으나 실은 당시의 몰상식하고 불합리한 상황에 이미 배태되어 있었다.

200년도 더 지난 과거의 시대와 상황을 다룬 이 책자가 지금 우리 사회에 의미를 가진다면, 현재 우리의 처지도 상식과 거리가 멀기 때문이 아닐까? 상식이 부재한 사회, 그렇기 때문에 상식이 이상인 사회를 상식이 통하는 사회로 바꾸려 한 페인의 의도가 지금 우리의 상황에도 들어맞는다면 슬픈 역사의 반복이 아닐 수 없다.

페인의 선동적이고 발랄하고 구어적인 문체를 번역으로 온전히 소화하기란 옮긴이의 재능과 소양으로는 불가능했다. 그 안타까움을 다소나마 상쇄하기 위해 독자들에게 가벼운 읽을거리 하나를 제공한다. 18세기 후반 아메리카의 토머스 페인과 20세기 중반 한반도의 김구가 나눈 가상 대화를 옮긴이가 꾸며보았다.

김구 처음 뵙습니다. 선생님과 저는 처했던 상황과 고민의 축이 시대와 공간을 넘어 묘하게 닮은 것 같습니다.

페인 그렇죠? 치열하게 한 시대를 살았던 열혈 지식인이라는 점도 닮았고요.

김구 저야 체계적으로 공부한 이력이 없으니 지식인이라고 할 게 있겠습니까?

페인 그건 나도 마찬가지지요. 가방 끈도 짧고 학문적 탐구에 몰두한 경험도 없어요. 그래도 선생은 젊은 시절부터 우국충정에 불탔고 무장투쟁을 한 경험도 있지 않습니까? 난 그저 글을 썼을 뿐이지요.

김구 펜은 칼보다 강하다는 서양 속담이 있지요. 선생님은 《상식》이라는 책자를 통해 바로 그 점을 여실히 보여주셨고요.

페인 실은 나도 그 짧은 책자가 그렇게 큰 반향을 부를 줄은 몰랐습니다. 내 글이 훌륭했다기보다는 당시 아메리카가 혁명이 필요한 상황이었다는 거겠지요.

김구 혁명적 상황이 혁명을 부른다. 그러니까 인위적인 혁명은 안 된다는 거죠?

페인 모든 일은 충분히 무르익어야 제대로 이루어지는 거 아니겠소? 혁명이 성공하려면 혁명이 '상식'이어야 합니다. 그래서 내가 책자의 제목을 상식이라고 정한 거고요. 사실 인위적인 혁명이 성공할 수 없다는 건 내가 직접 목격한 프랑스 혁명에서도 볼 수 있어요. 공화정을 쟁취한 데까지는 좋았지만 단기간에 이상적인 목표를 구현하려 한 로베스피에르 정권의 급진적인 공포정치는 결국 반동을 낳아 나폴레옹의 제정으로 선회해버렸죠. 프랑스 혁명기의 상식은 공화정이었다는 겁니다.

김구 아닌 게 아니라 선생님이 살아 계실 때 이미 전 유럽을 고통으로 몰아넣은 나폴레옹은 선생님이 돌아가시고 몇 년 안 가 몰락해버렸습니다. 제 후손들은 그런 나폴레옹을 지금까지도 어린 시절부터 위인전에서 자주 접하고 있지요.

페인 허, 그런가요?

김구 우리 시대에도 마찬가집니다. 20세기 초반의 러시아혁명이나 중반의 중국 혁명은 사회주의를 기치로 내걸었지만 인위적인 정치 혁명에 그쳤죠. 정치권력을 장악한 혁명 세력이 곧바로 자본주의적 요소를 받아들인 게 그한계를 보여준 겁니다. 결국 그 실험이 실패하면서 20세기 말에는 현실 사회주의가 붕괴해버렸고요.

페인 그건 선생이 돌아가시고 난 뒤의 일 아니오?

김구 나폴레옹이 몰락한 것도 선생님이 돌아가신 뒤의 일인데 알고 계셨잖습니까?

페인, 김구 (함께 웃음)

김구 마침 선생님과 저의 죽음 이야기가 나왔으니 말인데
요. 선생님은 돌아가신 뒤 시신이 남지 않으셨다죠?

페인 내 무덤은 미국의 뉴욕에 있었는데, 10년쯤 뒤 영국
의 몽상적 개혁가인 코벳이라는 사람이 유해를 파헤쳐
영국으로 가져갔어요. 거기서 성대한 장례식을 다시 치
르기로 되어 있었지만 우여곡절 끝에 분실되어버렸죠.
결국 내 무덤은 지구 전체인 셈이에요. 뭐 죽은 뒤의 일
이니까 비극이랄 건 없고 …… 근데 선생은 암살되지 않
았소?

김구 그랬죠. 저도 죽은 뒤의 사연이 많습니다. 저를 암살
한 안두희는 육군 소위였는데, 40여 년 동안이나 신분을
숨기고 살다가 한 의인의 손에 죽었습니다. 안두희는 자
기가 하수인일 뿐이라고 말했지만 배후를 밝히지 않아
결국 사건은 미스터리로 남고 말았습니다.

페인 하지만 이승만 정권이라고 추측할 만한 정황은 충분
하다고 들었습니다. 하여튼 나는 유해가 사라졌고 선생
은 암살의 정황이 사라진 셈이니, 우리 둘 다 시대의 아
픔을 상징하는 인물이군요.

김구 실은 제가 선생님을 뵙고 싶었던 이유도 바로 그것
때문입니다. 선생님과 제가 겪은 시대의 아픔이 닮은 거
같습니다. 선생님이나 저나 국가의 독립과 정부 수립을
평생의 과제로 안고 살지 않았습니까? 조국이 식민지
상태에 있었고요.

페인 당시 아메리카는 본국인 영국의 불평등한 악법과 가혹한 탄압에 신음하고 있었지요. 선생의 조국은 지리적으로 가깝고 유독 그악스러웠던 일본 제국주의의 시달림을 받았으니 더 고통이 심했겠지만 우리도 그에 못지 않았다오. 하지만 위기는 곧 기회라고, 난 그때 아메리카의 상황이 좋은 기회라고 보았어요.

김구 바로 그겁니다. 《상식》에서 선생님은 이렇게 말씀하셨죠. "지금은 특별한 시기다. 즉 한 나라에 한 번밖에 없는 정부 형성의 시기다. 대다수 나라들은 그 기회를 놓치고, 스스로 법을 제정하기보다 정복자로부터 법을 강제로 받는다." 아메리카가 영국과 큰 갈등을 빚고 위기에 처한 그때를 선생님은 정부를 형성할 수 있는 특별한 기회라고 본 거죠.

페인 당연하죠. 영국과의 관계가 좋았다면 독립은 필요도 없고 가능하지도 않을 테니까요.

김구 제가 살던 시기의 조국도 바로 그런 상황이었습니다. 일본이 패망하고 한반도에서 물러가 우리에게 '한 번밖에 없는 정부 형성의 시기'가 주어진 거죠.

페인 듣자니 우리보다 더 좋은 조건이었더군요. 우리는 식민지 모국과 싸워야 하는 상황이었지만 선생네 나라는 이미 독립이 주어진 상황이었잖소? 그에 비해 우리는 자칫 독립전쟁을 벌였다가 패하는 날이면 끝장이라는 위기감이 있었죠.

김구 솔직히 말해 그렇습니다. 우리는 이미 독립을 이룬
상태였고 정부를 제대로 수립하는 과제만 남겨두고 있
었죠.

페인 그런데 왜 독립전쟁을 치른 우리보다 더 후유증이 심
하고 깊게 남았던 겁니까? 물론 남북 분단의 문제가 있
었겠지만 우리는 한반도처럼 두 개의 정부가 아니라 열
세 개의 정부가 있었다고요.

김구 선생님이 그토록 절실하게 탄생을 원했던 미국이 20
세기 중반에는 초강대국이 되어 한반도의 운명에 막강
한 영향력을 행사했던 원인이 컸죠.

페인 본의 아니게 미안하군요.

김구 선생님께서 사과하실 일은 아니죠. 해방 이후 우리
체제가 질곡을 겪은 데는 미국의 책임도 있지만 근본적
으로는 우리 잘못입니다. 선생님 말씀 중 제가 주목한
것은 "대다수 나라들은 그 기회를 놓치고, 스스로 법을
제정하기보다 정복자로부터 법을 강제로 받는다"는 대
목이었는데요. 이 점에 관해선 우리 자신의 잘못이 큽니
다. 독립이 이루어진 상황에서 독자적인 정부를 구성하
고 법을 만들 여건이 주어졌는데도 우리는 스스로 법을
제정하기보다 정복자의 법을 자발적으로 받았으니까요.
더구나 선생님은 기존의 군주정을 극복하고 새로 공화
정을 수립하는 과제가 있었지만, 우리는 이미 군주정이
나노되었고 새 체제가 공화정으로 가는 것이 기정사실

이었는데도 연착륙을 하지 못했습니다.

페인 말로만 들어도 안타깝구려. 사실 나도 미국이 독립을 이룬 뒤에는 프랑스로 갔기 때문에 신생국이 건설된 과정에 내밀하게 참여하지는 못했어요. 대신 프랑스 혁명에 열중했죠.

김구 어찌 보면 선생님이야말로 참된 혁명가십니다. 근대 세계의 양대 시민혁명을 목격했고 적극적으로 참여하셨으니까요.

페인 하지만 혁명의 주역이 되어 혁명 이후 새 사회 건설을 주도한 건 아니니까 혁명가라고 자부할 수는 없어요.

김구 그래도 선생님이 혁명 이후의 사회에 관해 이론가로서 말씀하신 내용 중에는 현대 세계에도 참조할 만한 것이 많이 있습니다. 이 책의 말미에 실린 《토지 분배의 정의》를 보면 구체적인 개혁 프로그램이 흥미롭게 제시되어 있는데요.

페인 사실 내용은 좀 거칠지만 내 나름대로 분석한 결과였죠. 큰 틀에서는 충분히 유효하다고 자부해요.

김구 제가 눈여겨본 것은 세세한 정책보다 선생님의 사회 공학적 마인드였습니다. 예를 들어 선생님은 개혁 프로그램의 원칙은 자선이 아니라 정의라고 거듭 말씀하셨는데요. 그건 현대 사회에서 말하는 이른바 노블레스 오블리주의 핵심이라고 생각됩니다.

페인 내가 가장 고민한 것도 바로 그 점이었어요. 빈곤을 해결해야 한다는 데는 다들 공감하면서도 기부나 자선으로 부를 재분배할 수 있다는 잘못된 믿음이 있어요. 물론 도덕적으로는 나무랄 데 없지만 그게 개혁은 아니죠. 개혁의 알맹이는 도덕심의 발동이 아니라 제도에 있거든요. 자선은 제도와 무관하지만 내가 주창한 기금은 제도를 핵심으로 합니다.

김구 백 번 옳은 말씀입니다. 노블레스 오블리주라는 말을 흔히 하는데, 다들 주체가 노블레스, 즉 상류층이라는 점만 역설할 뿐 오블리주를 말하지 않아요. 상류층이 빈곤층에게 자선과 시혜를 베푸는 거라고 생각할 뿐 왜 오블리주, 즉 의무라는 말이 붙었는지는 생각하지 않아요. 자선은 도덕이지만 의무라면 제도를 가리키는 거죠.

페인 도덕에서 나온 자선이라면 베풂을 당하는 사람도 기분이 나쁘죠. "내가 거지야?" 하는 자괴감도 들 테고요. 실은 빈곤층은 사회로부터 보호받을 '권리'가 있고 상류층은 빈곤층을 돌보아야만 하는 '의무'가 있는 겁니다.

김구 그래서 선생님과 동시대를 살았던 철학자 칸트는 도덕을 단순히 고결한 정신으로 보지 않고 정언명령, 즉 의무라고 말했지요.

페인 그랬던가요? 하긴, 프랑스에 갔더니 독일에 대단한 은둔 철학자가 한 명 있다고 하더군요.

김구 선생님의 개혁 정신은 21세기 초 한국 사회 젊은이들이 흔히 말하는 '쿨'한 데가 있습니다. 자비를 호소하지도 않고 특정한 계층, 이를테면 상류층의 희생을 요구하지도 않아요. "정의와 박애를 근본 원칙으로 하는 계획에 이해관계가 개입되면 안 될 것이다. 하지만 어떤 계획이든 이해관계의 측면에서 수익을 낳는다는 것을 보여주어야만 용이하게 수립될 수 있다." 박애를 실행하려는 계획도 수익을 낳아야 한다는 거죠. 공허하게 희생정신을 외치는 것보다 얼마나 당당한 주장입니까?

페인　《토지 분배의 정의》에서 나는 일종의 연금식 기금 조성 방법을 설명했는데요. 실제로 누구의 희생이 아니라 인간 본성에 따라 자연스럽게 조성하는 방식이 가능해요. 그러려면 무엇보다 기금을 조성하는 부담보다 효과가 더 크다는 게 확실해져야 합니다. 이런 구절을 썼던 게 기억나는군요. "눈앞에 펼쳐진 참상과 그것이 주는 불쾌한 느낌은 억눌러도 근절되지 않으며, 약정된 10퍼센트의 기금이 주는 부담보다 행복과 풍요의 더 큰 걸림돌이다. 그것을 제거하기 위해 자신의 것을 내놓지 않는 사람은 자신에게도 자선을 베풀지 않는 것이다."

김구　쉽게 말해 부자가 부자로서의 권리를 마음껏 누리고자 한다면 자선을 베풀어야 한다. 자선은 남을 위한 게 아니라 자신을 위한 것이다. 이런 이야기죠. 그런 선생님의 가르침은 같은 시대 벤담의 공리주의와도 통하지만, 예상치 않게 다음 세대 카를 마르크스의 해방 이념과도 통합니다. 마르크스는 프롤레타리아의 계급 해방은 프롤레타리아만이 아니라 부르주아지도 해방시키는 인간의 보편적 해방이라고 말했거든요.

페인 하긴, 남에게 억압을 당하는 사람은 당연히 자유가 없겠지만, 실은 남을 억압하는 사람도 자유롭다고 할 수 없지 않겠소? 우파 이념의 벤담과 좌파 이념의 마르크스가 서로 통한다면 쓸데없는 이념 논쟁도 필요가 없겠구려.

김구 선생님 시대에 전 유럽을 휩쓴 계몽주의의 큰 틀에서는 통한다고 봅니다. 그렇다면 계몽의 기획은 지금도 유효한 거겠죠.

페인 궁극적으로는 계몽마저 벗어던져야겠지만 어쩌겠소? 아직 계몽주의가 할 일이 남아 있는데. 아직 세계가 낙원은 아니니까……

이상은 가상으로 꾸민 대화이고, 또 두 사람의 사상이 반드시 이랬다고 장담할 수는 없다. 그런데 역사 속의 위인들이 한 자리에 모인다면 지금 우리의 세계를 어떻게 볼까?

2012년 1월
옮긴이

1737년 1월 29일 영국 노퍽의 셋퍼드에서 출생.

1750년 코르셋 상점의 도제로 들어감.

1759년 코르셋 상점을 열고 메리 램버트와 결혼했으나 조산으로
      아내와 아이 사망.

1761년 셋퍼드에서 비정규직 공무원으로 취직.

1765년 미검열 품목의 검열을 요구했다는 이유로 해임.

1766년 목사 서품을 받고 설교 활동.

1767년 런던에서 교사 생활.

1768년 루이스의 담배 가게에 취직.

1771년 담배 가게 주인의 딸 엘리자베스 올리브와 결혼.

1772년 첫 번째 정치적 소책자 《The Case of the Officers of Excise》
      간행.

1774년 직장에서 해고되고 담배 가게도 망함. 이혼하고 런던에서 벤
      저민 프랭클린을 알게 되어 그의 권유로 아메리카 식민지로
      떠남.

1775년 《펜실베이니아 매거진》 편집자로 취임.

1776년 《상식》 출간. 연작 《위기》 출간 시작(1783년까지 16편 출간).

1777년 대륙 회의 외교위원회 간사로 재직.

1787년 철교 가설 계획을 위해 영국으로 감.

1791년 프랑스 혁명을 옹호하는 책자 《인권》 출간.

1792년 《인권》 2부 출간으로 영국 정부에게 반역죄로 기소. 프랑스
      국민공회 의원으로 선출되어 프랑스로 감.

1793년 지롱드당의 지지자로 간주되어 집권 자코뱅당의 미움을 받아 투옥.

1794년 옥중에서 《이성의 시대》 출간. 로베스피에르가 실각하면서 국민공회에 복귀.

1797년 《토지 분배의 정의》 출간.

1800년 나폴레옹과 만나 대영국 정책 논의.

1802년 나폴레옹에게 실망하고 미국으로 감.

1809년 6월 8일 뉴욕에서 사망.

토머스 페인 상식

1판 1쇄 발행 2012년 3월 23일
1판 3쇄 발행 2023년 8월 30일

지은이 토머스 페인
옮긴이 남경태

펴낸이 송영만
디자인 자문 최웅림

펴낸곳 효형출판
출판등록 1994년 9월 16일 제406−2003−031호

주소 10881 경기도 파주시 회동길 125−11
홈페이지 www.hyohyung.co.kr
전자우편 info@hyohyung.co.kr
전화 031 955 7600 | 팩스 031 955 7610

ISBN 978−89−5872−110−9 03300
이 책에 실린 글과 그림은 효형출판의 허락 없이 옮겨 쓸 수 없습니다.
값 8,500원

이 도서의 국립중앙도서관 출판예정도서목록(CIP)은 서지정보유통지원시스템
홈페이지(http://seoji.nl.go.kr)와 국가자료공동목록시스템(http://www.nl.go.kr/kolisnet)에서
이용하실 수 있습니다.(CIP제어번호:CIP2012001180)